George Curtisius

Diktatur
des
Kapitalismus

$\emptyset : \oplus$

Vision
eines modernen
Sozialismus

**Wer bringt Menschen die bessere
Lebensqualität?**

George Curtisius

Bibliografische Information der Deutschen Nationalbibliothek
Die Deutsche Nationalbibliothek verzeichnet diese Publikation in der deutschen Nationalbibliografie; detaillierte bibliografische Daten sind im Internet über http://dnb.d-nb.de abrufbar.

Herstellung und Verlag:
BoD – Books on Demand, Norderstedt
ISBN: 978-3-7347-3588-2

Widmung

Die Broschüre ist gewidmet allen Menschen, die sich eine sozialere und gerechtere Welt wünschen als die Welt des kalten Kapitalismus.

Sie ist auch für die früheren DDR-Bürgerinnen und -Bürger gedacht, die der alten DDR nachtrauern und nur auf die aus ihrer Sicht guten Seiten der DDR sehen.

Es gibt Hoffnung für einen modernen Sozialismus, wie er im dritten Teil der Broschüre beschrieben wird.

Ich widme diese Abhandlung auch meiner lieben Frau. Ich danke ihr für ihren Rat und für viele Hinweise zur Systemkritik des Kapitalismus. Auf ihren Wunsch hin habe ich auf manche Reizthemen verzichtet, um sie und mich nicht zu großen Anfeindungen auszusetzen. Die vom Westen viel beschworene Freiheit ist eine leere Worthülse, sie existiert nur rudimentär.

Vorwort

Lebensqualität oder Wohlstand?

Die Frage ist natürlich falsch gestellt. Jeder Mensch hätte gerne Lebensqualität und Wohlstand. Aber was ist wichtiger von beiden? Jeder Mensch muss das für sich selbst entscheiden. Dennoch möchte ich einige Anmerkungen hierzu machen, ohne Anspruch auf Vollständigkeit.

Lebensqualität ist für mich, wenn ein Mensch einen anderen Menschen hat, mit dem er gern zusammen ist, mit dem er gemeinsame Freuden teilt. Sex kann ganz nett sein, verpufft aber schnell. Lebensqualität ist mehr als Sex.

Lebensqualität ist, wenn jemand morgens gerne aus seinem Bett aufsteht und sich auf den neuen Tag freut, wenn er gerne zu seiner Arbeit geht, sich darauf freut, sich mit seinen Fähigkeiten in seine Arbeit einbringen zu können, etwas mit seiner Arbeit zustande zu bringen. Dazu gehört auch, gerne mit seinem Vorgesetzten (ihm oder ihr) zusammenzuarbeiten und genauso gern mit den Kolleginnen und Kollegen.

Lebensqualität ist, wenn ich alles habe, was ich notwendig brauche, wenn ich mir um meine Zukunft keine Sorgen machen muss, weil ich z.B. Arbeitsplatzsicherheit habe und im Alter nicht in Armut verfallen werde. Dazu gehört auch, mit Mitmenschen im Frieden sowie in Sicherheit zu leben, Meinungsfreiheit und Reisefreiheit zu haben. Reisefreiheit ist nutzlos, wenn jemand als Empfänger von Hartz IV kein Geld für Auslandsreisen hat.

Lebensqualität ist auch, Kinder zu haben, für die man sorgt oder auch für die Eltern da zu sein, ihnen etwas zurückzugeben für die gute Erziehung, die man von ihnen erhalten hat und für die Ausbildung, die sie einem ermöglicht haben.

Lebensqualität ist auch der Glaube an ein höheres Wesen, das wir meist mit Gott bezeichnen, und dem ich meine Sorgen hintragen kann, das ich auch um Hilfe und Führung bitten kann. Mein christlicher Glaube muss von Mitmenschen respektiert und von Anhängern anderer Religionen als gleichberechtigt und wertvoll anerkannt werden. Als Christ möchte ich nicht als „Ungläubiger" bezeichnet und eventuell sogar „bekämpft" werden.

Ich möchte nicht, dass jahrhundertealte christliche Bräuche (z.B. die Bezeichnung „Weihnachtsmarkt" oder Feste) aufgegeben werden müssen, weil sie eventuell religiöse Gefühle von im Laufe von Jahrzehnten zugewanderten Nicht-Christen verletzen könnten.

Wohlstand kann Lebensqualität nicht ersetzen, er kann aber manches erleichtern.

Jeder Leser oder jede Leserin möge sich fragen, was für ihn oder sie Lebensqualität ist und wie er sie erreichen kann.

Inhaltsverzeichnis

Kapitalismus-Diktatur?

Moderner Sozialismus?

Wer bringt Menschen die bessere Lebensqualität?

Einleitung

Eigentlich müsste es unnötig sein, über diese Frage nachzudenken. Der Sozialismus ist als Regierungs- und Wirtschaftsform tot. Die sozialistische Deutsche Demokratische Republik (DDR) brach zusammen, weil sie pleite war. Der Sozialismus wurde besiegt vom Kapitalismus. Warum also erneut darüber zu schreiben und zu philosophieren?

Es gibt viele Menschen, die glauben, dass der Sozialismus nur deshalb versagt habe, weil politische und ökonomische Fehler gemacht wurden. Würde man die bekannten Fehler vermeiden, wäre der Sozialismus die dem Kapitalismus überlegene Regierungs- und Wirtschaftsform.

Als Autor dieser Broschüre und als Profiteur des Kapitalismus, versuche ich, durch eine andere Blickrichtung eine Antwort auf die Frage zur Überlegenheit des einen oder anderen Systems zu geben. Ich mache mir Gedanken zur Lebensqualität in den beiden Systemen. Diese Broschüre erhebt jedoch nicht den Anspruch auf Vollständigkeit oder Genauigkeit. Mir geht es nur darum, Denkanstöße zu geben und den Kapitalismus als existierende Regierungsform in seiner Bedeutung für die Menschen zu hinterfragen. Gleiches wird versucht für den DDR-Sozialismus. Es wird als Drittes der Versuch gemacht, einen modernen Sozialismus zu beschreiben, wie er vielleicht funktionieren könnte.

Diktatur des Kapitalismus

Mythos Marshallplan

Menschen meines Jahrgangs der dreißiger Jahre sind Zeitzeugen des Aufeinandertreffens von Kapitalismus und Sozialismus.

Nach dem Ende des Nazi-Deutschlands lebte ich in Berlin, glücklicherweise in West-Berlin, im westlichen Teil des geteilten Vororts „Staaken", der zur Grenze zur DDR wurde. In die Schule gegangen war ich anfangs in Ost-Staaken, bis die Grenze zur DDR das nicht mehr ermöglichte. Mein Onkel wohnte in West-Staaken dann an der Mauer zur DDR und sah auf den Wachtturm der DDR-Grenzschützer.

Mein Vater, war aus seinem Heimatort Kolberg in Hinterpommern nach Berlin gekommen, um Arbeit zu suchen. Aufgrund der Weltwirtschaftskrise in den 20iger und 30iger Jahren war er mit vielen anderen Menschen arbeitslos gewesen. Wie viele andere Menschen trat er der nationalsozialistischen Arbeiterpartei (NSDAP) bei.

Er hatte schließlich das Glück, einen Job als Techniker zu erhalten. 1939 hatte er den Mut, wieder aus der NSDAP auszutreten. Während des 2. Weltkriegs musste er in der Wehrmacht dienen.

Nach dem Krieg war er längere Zeit arbeitslos. Die Arbeitslosenunterstützung reichte kaum zum Leben aus, obwohl wir im eigenen Haus wohnten und keine Miete zahlen mussten. Die Früchte unseres Gartens halfen uns über die schwierige Zeit hinweg. Später bekam mein Vater einen Job bei einer Behörde in Berlin. Das gab uns endlich wieder soziale Sicherheit. Sein Einkommen reichte nicht für eine Monatskarte, mit der mein Bruder und ich mit dem Bus zur Oberschule in Spandau hätten fahren können. Wir fuhren mit dem Fahrrad die 4 Kilometer zur Schule. Im Winter mussten wir laufen.

Der Vater meiner späteren Frau, ein Ingenieur, war ebenfalls arbeitslos. Er musste sich Arbeit in Westdeutschland suchen. Eine kurze Zeit lang waren die Menschen in Westdeutschland in Bezug auf ihre wirtschaftlichen Verhältnisse weitgehend gleich arm. Wer nach dem Krieg etwas mehr hatte als andere, z.B. eine Immobilie, musste einen Lastenausgleich bezahlen, damit auch die etwas bekommen, die alles verloren hatten.

Heute wird viel über den von den USA finanzierten Marshall-Plan geschrieben und geredet, der den wirtschaftlichen Aufstieg der Bundesrepublik ermöglichte. Es wird den Menschen vielfach suggeriert, dass wir Deutsche deshalb den Amerikanern auf immer zu Dank verpflichtet sein müssten. Ich kann verstehen, dass junge Journalisten das wirklich glauben.

Die Wirklichkeit war doch ganz anders. Als Resultat des Siegs über Nazi-Deutschland sah der Plan der Alliierten zuerst vor, Deutschland zu deindustrialisieren. Deutschland sollte zum Agrarstaat werden, damit es zukünftig keine Kriege mehr führen kann.

Deutschland wurde geteilt, in Westdeutschland, besetzt von Amerikanern, Briten und Franzosen und in Ostdeutschland, besetzt von der Sowjetunion.

Von allen Alliierten, den Amerikanern, Franzosen und Briten sowie von der Sowjetunion wurden alle Industrieanlagen, sowohl in Westdeutschland wie auch in Ostdeutschland demontiert. Deutschland war damit deindustrialisiert!

Dann stellte sich jedoch ein anfangs nicht erkanntes Problem heraus.

In Ostdeutschland, der späteren DDR, wurde der Sozialismus sowjetischer Prägung eingeführt mit sozialer Sicherheit für die Arbeitnehmer. In Westdeutschland sollte eine Demokratie westlicher Prägung entstehen, ähnlich der kapitalistischen USA.

In Frankreich sowie in Italien bildeten sich nach dem Kriege sehr schnell starke kommunistische Parteien heraus mit Wählerstimmen von 20 bis 30 Prozent, die eine sozialistische Wirtschaftsform wollten. Der Sozialismus in der DDR und anderen osteuropäischen Ländern hatte eine große Anziehungskraft. Es gab in diesen Ländern keine Arbeitslosigkeit. Jeder Mensch, der arbeiten wollte, erhielt einen Arbeitsplatz.

Die sozialistischen Länder waren im Vergleich mit den kapitalistischen Ländern arm. Aber die dort weitgehende Gleichheit der Menschen und ihrer Lebensbedingungen sowie die Sicherheit in Bezug auf Arbeitsplatz und Gesundheitsversorgung strahlten doch eine gewisse Anziehungskraft aus.

Die kapitalistischen Länder konnten nur mit mehr Wohlstand für den größten Teil der Bürger dagegenhalten. Dagegen waren die Arbeitslosen schlechter gestellt als z.B. die Menschen in der DDR. Wenn sich die Menschen für Wohlstand mit Unsicherheit ihrer Lebensbedingungen oder für absolute Sicherheit entscheiden müssen, würden die meisten eher die Sicherheit wählen.

Die Politiker in den USA erkannten, dass eine große Gefahr für sie drohte, wenn Westdeutschland als Agrarstaat zum Armenhaus Europas werden würde. Die Menschen in Westdeutschland würden sich für den Sozialismus entscheiden. Sie würden damit auch die Bürger in Frankreich und Italien sowie in anderen Ländern des kontinentalen Westeuropas mit sich zum Sozialismus führen.

Diese sozialistisch geführten Staaten würden dann in den Einflussbereich der Sowjetunion fallen. Es wäre ein riesiger Wirtschaftsraum des Sozialismus auf dem Kontinent entstanden. Dieser Machtblock hätte die Weltmacht USA infrage gestellt.

Die USA hätten auf dem europäischen Kontinent keinen Einfluss mehr gehabt, weder politisch noch wirtschaftlich.

Die Politiker der USA erkannten, dass sie diese Entwicklung verhindern mussten, auch wenn es sie Geld kosten würde. Der Kapitalismus ist nicht sozial und nicht menschenfreundlich. Er folgt nur seinen eigenen Gesetzen des Vorteils und des Profits.

Die Politiker der USA entschieden, dass Westdeutschland wieder reindustrialisiert werden müsse und dass sie dafür die finanzielle Grundlage legen müssen. Der Marshallplan war also keine humanitäre oder soziale Leistung der USA sondern der Preis, mit dem verhindert werden musste, dass Westdeutschland und damit auch andere westeuropäische Länder in den Einflussbereich der sozialistischen UdSSR fallen würden.

Der Marshallplan führte zu dem Ergebnis, dass in Westdeutschlands Industrie modernste Maschinen aufgestellt wurden. Die Briten und Franzosen, aber auch die Sowjets, produzierten dagegen auf den in Deutschland demontierten veralteten Maschinen und Anlagen. Mit den modernsten Maschinen produzierte die westdeutsche Industrie aber produktiver und billiger als ihre Konkurrenten auf den veralteten Maschinen. So erlebte Westdeutschland einen ungeahnten wirtschaftlichen Aufschwung in kurzer Zeit, zum Leidwesen der Briten und Franzosen.

Anfangs konnte man den westdeutschen Bürgern nicht den rauen Kapitalismus angelsächsischer Prägung zumuten. Die Unterschiede in Bezug auf die Sicherheit der Lebensbedingungen im Vergleich zur sozialistischen DDR wären zu groß gewesen. Also wurde in Westdeutschland die „Soziale Marktwirtschaft" erfunden, mit der die negativen Auswirkungen des Kapitalismus auf die Menschen abgefedert werden sollten.

Die deutschen Unternehmen der damaligen Zeit verzichteten auf Gewinnmaximierung und finanzierten fallweise auftretende Unterbeschäftigung ihrer Mitarbeiter aus zurückbehaltenen Gewinnen, um sie nicht entlassen zu müssen. Wegen der Wohnungsnot bauten sie Werkswohnungen für ihre Mitarbeiter. Ich hatte das Glück, solch eine Werkswohnung zu erhalten, nachdem mir mein Vermieter gekündigt hatte, um meine Wohnung in ein lukrativer zu vermietendes Büro umzuwandeln.

In den 60iger und 70iger Jahren ging es allen arbeitenden Menschen gut. Die Einkommensspanne zwischen TOP-Managern und Arbeitern war relativ gering. Top-Manager verdienten etwa das 20fache eines Facharbeiters.

Die soziale Komponente bei der Unternehmensführung fiel nach vielen Jahren des wirtschaftlichen Erfolgs weg. Der Kapitalismus in seiner Form des Neoliberalismus erstickte die soziale Marktwirtschaft. Die soziale Marktwirtschaft wurde nicht mehr gebraucht, als der Sozialismus besiegt war.

Das Projekt Glasnost des sowjetischen Generalsekretärs Gorbatschow hatte ungewollt das Sowjetimperium zum Zerfall gebracht. Es gab nun keinen Gegenspieler zum Kapitalismus mehr.

Die Menschen hatten keine Alternative zum Kapitalismus. Sie mussten den Kapitalismus akzeptieren, ob sie es wollten oder nicht.

Heute, in 2014, kann von einer echten sozialen Marktwirtschaft nicht mehr gesprochen werden. Viele Arbeitsverhältnisse sind nur befristet. Es gibt viele Millionen Niedriglöhner. Viele Großunternehmen halten ihren festen Personalbestand niedrig und ergänzen ihn mit Zeitarbeitskräften, die sie jederzeit kündigen können. Für die von Zeitarbeitsunternehmen verliehenen Arbeitnehmer besteht große Unsicherheit in Bezug auf ihre Beschäftigungssituation.

Die Schere zwischen den Einkommen der TOP-Manager im Vergleich zu Facharbeitern hat sich enorm vergrößert. TOP-Manager verdienen in Deutschland heute das 80fache bis 100fache eines Facharbeiters. Mit echter höherer Arbeitsleistung gegenüber einem Facharbeiter lässt sich dieses höhere Einkommen nicht erklären. Es ist tatsächlich nur das Ergebnis einer Selbstbedienungsmentalität aufgrund der gegebenen Machtverhältnisse.

War früher die Schere zwischen den Reichen und den Armen relativ gering, so ist sie heute sehr groß und wird immer größer.

Zu beklagen ist, dass Deutschland wie direkt nach dem Krieg von den USA immer noch wie ein besetztes Land behandelt wird. Viele Organisationen der USA können in unserem Land schalten und walten, wie sie wollen. Von deutschem Boden schicken die USA ihre Kampf-Drohnen ins Ausland, um Menschen zu töten. Die deutsche Regierung befolgt letztlich die Befehle der US-Administration oder erfüllt ihre "Wünsche". Auch amerikanische Unternehmen setzen ihre Interessen auf deutschem Boden gegen deutsche Firmen durch.

In 2014 wollte der Verband der IT-Unternehmen beschließen, dass E-Mails von deutschen Absendern an deutsche Empfänger aus Sicherheitsgründen nur über Server-Knotenpunkte in Deutschland oder Europa gesendet werden dürfen. Die großen amerikanischen IT-Firmen IBM, Oracle und andere setzten jedoch durch, dass die E-Mails über amerikanische Knotenpunkte laufen müssen. Dagegen besteht in den USA ein Gesetz, dass E-Mails amerikanischer Absender an amerikanische Empfänger den Boden der USA nicht verlassen dürfen.

Beim Kapitalismus setzt sich derjenige durch, der die Macht hat und stärker als der andere ist.

Das Wesen des Kapitalismus

Auf die bekannten Attribute des Kapitalismus muss nicht detailliert eingegangen werden. Im Gegensatz zum Sozialismus ist der Kapitalismus gekennzeichnet durch das Privateigentum an den Produktionsmitteln, durch weitestgehend uneingeschränkten Wettbewerb, freie Preisbildung und Gewinnorientierung. Er soll auch eine Art Gesellschaftsform darstellen mit Elementen einer Demokratie.

Das Besondere am Kapitalismus ist die Gier nach Reichtum und die Ausbeutung der Arbeitnehmer sowie die Freiheit bei der Wahl des Arbeitsplatzes und beim Reisen in andere Länder. Kapitalismus ist Egoismus pur. Er verursacht soziale Ungerechtigkeit und soziale Unsicherheit. Der von den Menschen erwirtschaftete Wohlstand wird ungleichmäßig verteilt, so dass 1 bis 10 Prozent der Bürger/innen über 90 bis 99 Prozent aller Vermögensarten besitzen.

Der Behauptung mancher Kritiker, dass der Kapitalismus von seinem Prinzip her menschenfeindlich sei, möchte ich nicht zustimmen. Er folgt mehr dem Darwin'schen Prinzip, dass sich die Starken gegenüber den Schwachen durchsetzen. Der Kapitalismus folgt seinem Gesetz der Profitabilität. Für Gefühle ist hier kein Platz. Im Kapitalismus werden die Menschen zunehmend gefühlsarm. Der Kapitalismus steht auch für den Verfall von Moral und Ethik. Hier zählen nur das Durchsetzungsvermögen und der Gewinn.

Freiheit im Kapitalismus

Auch im Kapitalismus ist die Freiheit der Menschen nicht uneingeschränkt. In der McCarthy-Ära wurden von etwa 1947 bis 1956 in den USA vermeintliche Kommunisten und deren

Sympathisanten verfolgt. Sie wurden der Verschwörung bezichtigt. Die Angestellten der Regierung wurden auf ihre Loyalität überprüft und teilweise entlassen. Oder es wurde ihnen die Kündigung nahegelegt. Mitglieder der kommunistischen Partei und ihre Anwälte wurden zu Geld- und Haftstrafen verurteilt. Für Hollywood arbeitende Künstler, die linker Sympathien verdächtigt wurden, kamen auf eine schwarze Liste, was einem Berufsverbot gleichkam.

Die Occupy-Bewegung in den USA in 2011/2012 stützte sich darauf, dass 99 Prozent der Amerikaner nur 1 Prozent des Vermögens besaßen, dagegen die 1 Prozent Reichen 99 Prozent des Vermögens an sich gerafft hatten. Doch den Reichen und Politikern gelang es schnell, diese Bewegung in die Bedeutungslosigkeit zu bringen. Der Führer der Bewegung musste aufgeben, nachdem er Todesdrohungen erhalten hatte.

Seit 9/11 werden in den USA Menschen, die zufällig und unbegründet in den Verdacht des Terrorismus geraten, ohne Haftbefehl, ohne richterliche Anordnung, eingesperrt, ohne dass Angehörige benachrichtigt werden. Sie erhalten wohl auch keinen Rechtsbeistand, Richter können nicht eingreifen, weil alles von der Homeland Security für geheim erklärt wird. Von den USA als ursprünglichem Land der Freiheit ist kaum noch etwas übrig geblieben.

Auch in europäischen Ländern ist die Freiheit nicht unbegrenzt. Die Länder haben sich alle eine auf Freiheitsanspruch gegründete demokratische Verfassung gegeben. Wer gegen deren Grundsätze verstößt oder gar eine andere Gesellschaftsform wollte, wird bestraft. Organisationen, die gegen die gültige Verfassung sind, werden verboten, ihre Mitglieder inhaftiert. Als Systemgegner bekannte Personen werden aus dem Staatsdienst entfernt oder erst gar nicht vom Staat eingestellt. Das schränkt ihre Berufsmöglichkeiten ein. Solch ein repressives System ist ganz normal.

Mit der Verfolgung von Systemgegnern schützt sich ein Staat gegen von kleinen Gruppen gewollte Veränderungen. Ist da ein wesentlicher Unterschied zum Verhalten sozialistischer Regierungen? Für die in kapitalistischen Ländern inhaftierten Systemgegner ist ihr Staat, der sie inhaftiert oder beruflich benachteiligt, ein Unrechtsstaat.

Im Kapitalismus liegt die Macht in den USA bei den Reichen, die mit ihrem Geld die von ihnen ausgewählten Politiker finanzieren, damit sie im Parlament so handeln, wie es ihr Geldgeber will. In den europäischen Ländern ist die Situation etwas diffiziler. Aber auch hier üben im Besonderen die Topmanager großer Banken und die Industrie erheblichen Einfluss auf die jeweilige Regierung aus. Die Ausübung von Macht dient zur Bewahrung der für eine Gruppe von Menschen erreichten Vorteile. Seit einiger Zeit beklagen Vermögensverwalter die Entwicklung westlicher Staaten zu mehr diktatorischem Handeln.

China verspricht seinen Bürgern Wohlstand aber keine Freiheit. Chinas Regierung verlangt, dass bei den Wahlen in der Sonderverwaltungszone Hongkong nur die Kandidaten zur Wahl zugelassen werden, die von ihr genehmigt wurden.

Schein-Demokratie

Die kapitalistischen Länder rühmen sich ihrer Demokratie. In Wirklichkeit ist es auch nur eine Schein-Demokratie, nicht viel besser als das System in China.

Rund 1,2 Millionen Mitglieder der im Bundestag vertretenen Parteien bestimmen ihre Kandidaten für eine Bundestagswahl. Rund 62 Millionen Wahlberechtigte haben keine andere Möglichkeit, als sich für die von den Parteien als Kandidaten ausgewählten Personen zu entscheiden. Das ist eine Schein-Demokratie, die inzwischen zu immer mehr Politikverdrossenheit und immer geringerer Wahlbeteiligung führt, in Sachsen und Brandenburg unter 50 Prozent.

Bei der Wahl zum europäischen Parlament in 2014 betrug die Wahlbeteiligung nur rd. 43 Prozent. Dennoch erklärte sich das Parlament für demokratisch legitimiert.

Auch wenn die Wahlbeteiligung in der BRD auf nur noch 30 Prozent sinken würde, würde sich die Partei mit mehr Stimmen als die anderen zum demokratischen Sieger erklären und die Regierung übernehmen. In einer Schein-Demokratie ist das möglich.

So wie China in seiner Sonderverwaltungszone Hongkong nur solche Kandidaten zur Wahl zulässt, die von der Parteiführung genehmigt sind, so bestimmen in Deutschland wenige Parteifunktionäre, wer bei ihrer Partei auf den Wahlzettel kommt. Natürlich kommen nur solche Kandidaten auf den Wahlzettel oder die Wahlliste, die der Parteiführung genehm sind!

Warum regen sich unsere Medien über China auf und halten das Verhalten der chinesischen Parteiführung für undemokratisch, wenn wir doch ähnliche Verhältnisse haben? Messen wir da nicht mit zweierlei Maß?

Die gewählten Abgeordneten des Bundestags sind laut Grundgesetz nur ihrem Gewissen verpflichtet. Doch kaum einer hat die Freiheit, sich gemäß seinem Gewissen zu entscheiden. Entscheidet sich ein Abgeordneter gegen die Fraktionsdisziplin, so wird er bei der nächsten Wahl nicht mehr als Kandidat aufgestellt, was meist seine Existenz vernichtet. Er ist also gut beraten, allem zuzustimmen, was seine Fraktionsführung will. Echte Demokratie und echte Freiheit sehen anders aus. Welchen Wert hat ein Parlaments-System, bei dem nur die Unfreiheit des Gewissens die eigene Existenz sichert?

Nur einige wenige prominente Abgeordnete mit Direktmandat und mit Hausmacht in ihrem Direktwahlkreis können es sich leisten, gelegentlich mal gegen die Fraktionsdisziplin zu sein. Es werden sogar ehemals führende, prominente Politiker in außerparlamentarischen Gremien kaltgestellt bzw. ausgewechselt, wenn sie öffentlich eine andere Meinung vertreten als von der Regierung vorgegeben.

Wer rechts von CDU/CSU konservative Werte vertritt, befindet sich in der „Todeszone", so bezeichnete es Volker Zastrow in FAZ-Online vom 19.10.2014. Er muss damit rechnen, ausgegrenzt zu werden.

Es ist ein fataler Fehler, wenn Schein-Demokraten glauben, mit einem Wahlsieg von 51 Prozent den unterlegenen 49 Prozent der Bürger ihren Willen aufzwingen zu können. Die „Grünen" glauben sogar, mit ihren 9 oder 10 Prozent der Wählerstimmen dem Rest der Bürger ihr Parteiprogramm aufzwingen zu können. Wen wundert da die Spaltung der Bevölkerung und ihre Politikverdrossenheit?

Die Macht der Medien - Meinungsmanipulation

Viele Bürger in Deutschland leiden trotz Meinungsfreiheit unter der Ausgrenzung Andersdenkender. Der Mainstream in den Medien bekämpft sie gnadenlos. Was nicht dem Mainstream entspricht, wird als rechtspopulistisch oder rechtsextrem oder als rassistisch oder als Verstoß gegen die „political correctness" verurteilt. Die Gläubigen des Mainstreams finden immer etwas, was sie einem Gegner vorwerfen können, der nicht ihrer Meinung ist, um ihn mundtot zu machen. Das Ziel der Medien insgesamt scheint zu sein, Andersdenkende mundtot zu machen. Sie sollen sich gar nicht mehr trauen, ihre vom Mainstream abweichende Meinung offen zu äußern. Haben wir damit nicht bereits eine Diktatur im Bereich der Meinungen?

Kürzlich erhielt ein Blogger einen Preis für seine „Kritik am homophoben Denken". Es sieht düster aus für unsere Schein-Demokratie, wenn die Entwicklung dahin geht, dass man den Menschen sogar bestimmte Denkweisen untersagen will, dass man unerwünschtes Denken nicht zulassen will. Wie weit sind wir noch von Denkverboten entfernt?

Echte Meinungsfreiheit und Respektierung Andersdenkender sieht anders aus. Man muss sich inzwischen fragen, ob wir uns nicht bereits der in der früheren DDR geltenden „Meinungsfreiheit" annähern.

Wer Homosexualität für ein biologisch unnatürliches und gegen das Prinzip der Schöpfung gerichtetes sexuelles Verhalten hält, wird der Intoleranz und der Diskriminierung bezichtigt. Den wahrhaft christlich orientierten Bürgern und Bürgerinnen, wird gegen ihren Willen mit medialer Macht die Meinung aufgezwungen, dass Homosexualität eine natürliche Verhaltensweise sei. Seltsam ist, dass sich die Mainstream-Medien nicht trauen, von unseren muslimischen Mitbürgern zu verlangen, ihre Ablehnung der Homosexualität aufzugeben.

Wer als Bürger gegen bestimmte Entwicklungen in der Gesellschaft ist, wird als Ewiggestriger gebrandmarkt. Ein Beispiel hierfür sind die Kampagnen der Medien gegen den früheren

Bundesbankdirektor und früheren Finanzsenator von Berlin, Thilo Sarrazin.

Es geschieht wohl auch, dass Andersdenkende, die nicht der Meinung des Mainstreams folgen, berufliche Nachteile zu erleiden haben. Es ist zu befürchten, dass es zukünftig viel mehr solcher Einschränkungen verfassungsrechtlicher Freiheiten geben wird.

Ein großes Ärgernis ist die Macht des öffentlich-rechtlichen Rundfunks und Fernsehens. Ihre Gebühren für Fernsehen und Rundfunk gleichen einer Steuer. Kein Bürger kann diesen Gebühren ausweichen, auch wenn er weder Rundfunkgerät noch Fernsehgerät besitzt, auch keinen Computer mit Internetanschluss. Was ist daran anders als in einer Diktatur?

Die Öffentlich-Rechtlichen bestimmen autonom, wie viele Sendeprogramme sie ausstrahlen, für die sie viele Mitarbeiter benötigen und die hohe Kosten verursachen. Steigen ihre Kosten, werden einfach die Gebühren erhöht. So einfach ist das.

Das Prinzip, dass die Öffentlich-Rechtlichen autonom festlegen, mit wie vielen Programmen sie senden wollen und wo sie überall informieren wollen, wird vom Bundesverfassungsgericht abgesegnet. Die große Programmbreite von ARD und ZDF überschreitet deutlich den Grundversorgungsauftrag, den die Öffentlich-Rechtlichen gemäß Grundgesetz haben. Das geht zu Lasten wesentlich höherer Gebühren für die Gebührenzahler. Seltsamerweise sieht das Bundesverfassungsgericht über diesen Missstand großzügig hinweg.

In diesem Fall und bei Klagen zu Entscheidungen der Regierung und der EZB in Bezug auf die Euro-Krise könnte man meinen, dass das Bundesverfassungsgericht nicht unabhängig ist, sondern den Vorgaben der Regierung folgt. Könnte es sein, dass Verfassungsrichter manchmal auch der Regierung dankbar sein müssen, die ihnen den persönlichen Karrieresprung ermöglicht hat? Kürzlich wurde doch sogar ein Ministerpräsident zum Richter am Bundesverfassungsgericht bestellt, der früher einmal Richter am Amtsgericht gewesen sein soll.

Zumindest sind Zweifel an der Unabhängigkeit der Verfassungsrichter angebracht, wenn sie von der Regierung ernannt werden, anstelle vom Volk gewählt zu werden.

Die Parlamente der 16 Bundesländer segneten bisher jede Rundfunk-Gebührenerhöhung ab. Widerstand von den Abgeordneten der Landesparlamente war nicht zu erwarten, wollten sie doch ihre berufliche Existenz nicht gefährden.

Kein öffentlich-rechtlicher Sender in Europa verfügt über soviel Geld wie ARD und ZDF. Trotz des vielen Gelds sind die meisten Programme schlecht. ARD und ZDF werden überwiegend nur noch von alten Menschen gesehen und gehört. Das hindert sie aber nicht, ihr Programmangebot auszuweiten.

ARD und ZDF erfüllen nicht einmal ihren Grundversorgungsauftrag. ZDF bringt bei ihrer Nachrichtensendung „heute" z.B. nur einen Teil der Informationen und verweist in Bezug auf die restlichen Informationen auf ihre Website. Alte Menschen, die keinen Internetzugang haben, erhalten also nur gekürzte und somit unvollständige Informationen.

ARD und ZDF manipulieren vielfach ihre Zuschauer. Da werden Interviews gemacht, die ein einseitiges Bild einer Situation vermitteln. Der Gegenseite zu dieser verzerrten Darstellung bekommt keine Gelegenheit, die Situation richtigzustellen. Das ist unseriöser Journalismus, der wohl den Anforderungen der Politik geschuldet ist. Die Öffentlich-Rechtlichen sind vermutlich aufgrund ihrer Konstruktion verpflichtet, die Meinung der jeweiligen Regierung dem Volk zu vermitteln. Meinungsfreiheit oder überhaupt Freiheit sieht anders aus.

Die Öffentlich-Rechtlichen haben sich auch ohne den Willen der Bürger ins Internet ausgedehnt. Während Zeitungsverlage ihre redaktionellen Beiträge im Internet mit den Einnahmen von ihren Printmedien und von Werbung finanzieren müssen, finanzieren ARD und ZDF ihre Beiträge im Internet mit den Zwangsgebühren der Gebührenzahler.

ARD und ZDF graben damit den Zeitungsverlagen Stück für Stück ihre Existenzberechtigung ab. Einige Zeitungen mussten aufgrund von Verlusten schon aufgeben. Andere entlassen einen Teil ihrer Redakteure und andere Mitarbeiter. Am Ende steht ein großes Zeitungssterben. Zuletzt wird Deutschland in eine Situation geraten, wie sie in der DDR herrschte, als die wenigen Zeitungen und der Regierungs-Sender nur die Beiträge veröffentlichten, die der Regierung genehm waren.

Hätten wir eine echte Demokratie als Volksherrschaft, dann könnten die Bürger in einer Volksabstimmung entscheiden, wie viele Programme sie von ARD und ZDF haben wollen, wieviel Werbung sie wollen und welche Gebührenhöhe nicht überschritten werden darf.

Gerüchten zufolge verdienen die Mitarbeiter/innen der Öffentlich-Rechtlichen überdurchschnittlich gut und hätten demnach sogar einen Pensionsanspruch von 90 Prozent ihres letzten Gehalts. Sollten diese Gerüchte falsch sein, sollten ARD und ZDF die Gehälter ihrer Mitarbeiter/innen und Moderatoren sowie deren Pensionsansprüche für jeden Gebührenzahler offenlegen. Gebührenzahler haben einen Anspruch darauf. Sie können sich auch jederzeit über das Gehalt jedes Beamten, auch eines Verfassungsrichters, und der Angestellten im öffentlichen Dienst informieren.

Viele Leser der Beiträge von Online-Zeitungen stellen fest, dass mehr oder weniger alle Online-Zeitungen Berichte desselben oder des gleichen Inhalts bringen. Aufgrund von Zeitknappheit schreibt offenbar einer vom anderen ab, was teilweise zugegeben wird.

Mit wenigen Ausnahmen vertreten alle Berichte die Meinung der Regierung. Aufgrund der wirtschaftlichen Konzentration der Zeitungsverlage und privaten Medien (RTL-Group als Tochter von Bertelsmann) stehen die Inhaber dieser Konzerne der Regierung nahe.

Vermutlich geben sie ihren Redaktionen vor, welcher Leitlinie sie in ihrer Arbeit zu folgen haben. Das geht wohl nach dem Prinzip des früheren „cuius regio eius religio", wessen Gebiet oder Herrschaft, dessen Religion zu folgen ist.

Ein Beispiel für die allgegenwärtige Manipulation der Bürger ist die Behauptung, Deutschland sei ein Einwanderungsland. Wir bräuchten Einwanderer, weil wir einen Fachkräfte-Mangel hätten und wegen der abnehmenden Bevölkerungszahl, die unseren Wirtschaftsstandort in Gefahr bringe. Die Tatsache ist, dass wir viele Fachkräfte haben, die arbeitslos sind, weil sie über 50 Jahre alt sind. Sie seien für die Arbeit nicht mehr qualifiziert genug, wird behauptet.

Nun muss man sich fragen, ob Schlosser oder Elektriker oder Informatiker oder Ingenieure aus Bulgarien oder Rumänien oder aus Afghanistan, Syrien, Ägypten, Nordafrika oder aus Afrika eine höhere Qualifikation mitbringen, als in der Industriearbeit erfahrene Fachkräfte über 50 Jahre, die wegen Personalreduzierung bzw. Gesundschrumpfung in ihrem Unternehmen arbeitslos wurden.

20 bis 30 Prozent der Einwanderer als Asylbewerber sind Analphabeten. Andere haben keinen Schulabschluss und keine Ausbildung. Sie sind weit überwiegend Wirtschaftsflüchtlinge. Viele von ihnen sagen, sie hätten starke Arme und wollten damit arbeiten. Viele Asylbewerber kommen aus Eritrea (vermutlich aus der Landwirtschaft), aus Serbien, aus Afghanistan und Afrika.

In unserer Hochtechnologie-Industrie brauchen wir kaum noch ungelernte Arbeitskräfte. Die meisten Einwanderer werden bei uns keine Arbeit finden, erst recht nicht nach Einführung des Mindestlohns von 8,50 € je Stunde. Sie wandern in unsere Sozialsysteme ein. Die Zahl der Empfänger von Leistungen gemäß Hartz-IV hat sich bereits deutlich erhöht durch die Einwanderer. Welchen Nutzen haben Staat und Wirtschaft von den Einwanderern in die Sozialnetze? Es erhöhen sich durch die Einwanderung in unsere Sozialnetze letztlich die Arbeitskosten in unserer Wirtschaft.

Es kommen Hunderttausende Migranten nach Deutschland, die wegen fehlender Ausbildung keine Perspektive am Arbeitsmarkt haben und deshalb keine Arbeit finden werden. Sie werden in Hartz-IV verbleiben. Mit der Zeit sammelt sich da erheblicher sozialer Sprengstoff an. Wer nur unter Hartz-IV abgestellt und ruhiggestellt wird, kann den Sinn in seinem Leben nicht finden, ein wertvolles und gebrauchtes Mitglied unserer Gesellschaft zu sein. Diesen Sinn vermittelt nur Arbeit.

Fast alle Industriestaaten haben das Problem der Überalterung und Schrumpfung ihrer Gesellschaft. Warum betrachten sich Japan und unsere anderen EU-Länder nicht als Einwanderungsländer?

In Studien soll den Bürgern immer wieder weisgemacht werden, dass die Zuwanderer gut ausgebildet sind. Dabei wird jedoch verschwiegen, dass inzwischen mehr als 300.000 Zuwanderer aus EU-Ländern Empfänger von Leistungen nach Hartz IV sind. Mit diesen Studien sollen vermutlich die Meinungen der Bürger zur Zuwanderung manipuliert werden. Warum konnte die Wirtschaft, die dringend Einwanderer will, mit diesen 300.000 Einwanderern nichts anfangen? Da sollten doch die Wirtschaftsverbände und die Regierung Farbe bekennen, warum diese Einwanderer keinen Arbeitsplatz finden.

Was will die Wirtschaft mit den zusätzlichen etwa 500.000 Einwanderern anfangen, die in 2014 bis 2016 aus Afrika, Syrien, Irak und Afghanistan kommen, von denen viele Analphabeten sind? Der Präsident der Arbeitgeberverbände hält diese Wirtschaftsflüchtlinge für die deutsche Wirtschaft besonders geeignet, weil sie mit der Flucht besondere Fähigkeiten bewiesen hätten. Zumindest hatten sie keine Angst vor dem Risiko, dass ihr Schiff untergehen könnte. Ist ihr Mut mit geringer Risiko-Abschätzung die Fähigkeit, die deutsche Arbeitgeber in unserer Hochtechnologie-Industrie brauchen? Tatsache ist doch, dass diese Flüchtlinge, wenn man mal von Bürgerkriegsflüchtlingen aus Syrien absieht, nicht die Fähigkeiten haben, auf die man in ihrem Heimatland nicht verzichten konnte.

Die Arbeitgeber sagen den Bürgern nicht die Wahrheit. Tatsächlich begrüßen sie die vielen Flüchtlinge, weil diese als Empfänger von Hartz IV für den Konsum vieler Güter der Wirtschaft gebraucht werden, um die Umsätze der Nahrungsmittel- und Konsumgüterhersteller sowie der Unternehmen im Wohnungsbau zu erhöhen.

Ein anderes Beispiel für die Meinungsmanipulation ist die Revolution auf dem Majdan-Platz in der Ukraine. Ein rechtsgültig gewählter Präsident mit der Mehrheit der Bürger aus der Ostukraine wurde von Hunderttausend Revolutionären der Westukraine aus dem Amt gejagt. Die meisten Medien fanden diesen kriminellen Akt gut und richtig.

Es gab meines Wissens keinen Bericht in den Medien, in dem darauf hingewiesen wurde, dass die Majdan-Revolution absolut undemokratisch war. Das Volk hätte doch entsprechend demokratischer Tradition bei der nächsten Wahl einen anderen Präsidenten wählen können, ohne eine Revolution zu veranstalten.

Kein Journalist hat meines Wissens darauf verwiesen, dass diese Revolution, die der Ostukraine ihren Präsidenten genommen hat, das Volk gespalten und so zur Destabilisierung der Ukraine geführt hat. Die russisch geprägten und russisch-sprachigen Menschen der Ostukraine wollen nicht zur EU. Sie wollen nicht das verkommene Wertesystem des Westens sondern bei ihrem russischen Wertesystem und ihren russischen Traditionen bleiben. Im Westen herrscht hierüber großes Unverständnis, da man doch das eigene Wertesystem trotz fehlender Moral und Ethik für besser hält.

Den Bürgern in der DDR, die gegen ihr Regierungssystem demonstrierten und den Mauerfall herbeiführten, wurde ihr Selbstbestimmungsrecht zugebilligt. Der russisch-sprachigen Bevölkerung im Donbass der Ostukraine wird von westlichen Politikern und Medien aus opportunistischen Gründen kein Selbstbestimmungsrecht zugebilligt.

Typisch für die fehlende objektive Berichterstattung der Medien ist wohl häufig das Messen mit zweierlei Maßstab. Dem syrischen Diktator Assad werden Menschenrechtsverletzungen vorgeworfen, weil er seine rebellischen sunnitischen Gegner einschließlich der ihnen angehörigen Zivilisten in Homs und Aleppo mit Granaten beschießt und tötet. Dabei wird außer Acht gelassen, dass Saudi-Arabien die sunnitische syrische Freiheitsarmee finanziert, um das Assad-Regime der Alawiten, einer Gruppierung des schiitischen Islams, zu stürzen. Es ist ein Religionskrieg.

Deutschland und die EU geben der syrischen Freiheitsarmee Gelder für den Kampf gegen Assad. Deutschland darf dann für einen Teil der mit den Geldern verursachten Flüchtlingsströme sorgen mit Hartz IV. Wie klug ist derartiges Handeln der Regierung?

Saudi-Arabien lässt sunnitische Muslime in Syrien, Irak und Pakistan gegen die als Ungläubige betrachteten Schiiten kämpfen, vielfach mit Sprengstoffanschlägen und Selbstmord-Attentaten. Das wirft aber keine westliche Regierung Saudi-Arabien vor, um nicht die guten Geschäfte ihrer kapitalistischen Wirtschaft mit der Saudi-

Diktatur zu gefährden. Im Kapitalismus wird das Wohl der Menschen den wirtschaftlichen Interessen untergeordnet. So lässt der sich christlich nennende Westen auch zu, dass in vielen islamischen Ländern Christen verfolgt und getötet werden.

Nach einem Sturz des diktatorischen Assad-Regimes mit seiner Minderheit der Alawiten würden die Sunniten eine Diktatur errichten und viele tausende Alawiten verfolgen und töten. Auf Europa käme eine neue Flüchtlingswelle der Alawiten zu, die nicht mehr in Syrien leben können. Der Islamische Staat hat dem Westen gezeigt, wie er mit Ungläubigen umgeht. Wer kann nach vernünftigen Maßstäben solch eine Entwicklung wollen, sei es als Regierung oder als Vertreter der Medien?

Als das ukrainische Militär oder ihre Milizen die Separatisten und Zivilisten in Donezk und Luhansk mit Granaten und Mörsern beschoss und viele Zivilisten einschließlich Frauen und Kindern tötete, wurde das für rechtmäßig gehalten, was man dem Assad-Regime als Menschenrechtsverletzung vorwarf. Auch als Human Rights Watch nachwies, dass das ukrainische Militär mehrfach die international geächteten Streubomben gegen die Bewohner von Donezk einsetzte, blieb der große Aufschrei der Medien aus. Die ukrainischen Milizen mit SS-Runen und Hakenkreuz an ihrer Bekleidung sind scheinbar die „Guten". In Deutschland wären sie im Gefängnis gelandet.

Interessant ist, wie oft sich die Medien an Russland reiben. Da wird immer wieder behauptet, dass die Arbeiter der Baufirmen, die in Sotschi gearbeitet haben, keinen oder nicht ihren vollen Lohn erhalten hätten. Die Medien haben dabei unterlassen, darauf hinzuweisen, dass in Deutschland viele kleine Betriebe bankrott gegangen sind und ihre Mitarbeiter nicht bezahlen konnten, sie sogar entlassen mussten, weil die Kommunen die Rechnungen dieser Betriebe für geleistete Arbeiten nicht bezahlt hatten. Dieses Fehlverhalten staatlicher Organe hatten die Medien kritiklos hingenommen.

Ähnliches wurde von Italien bekannt. Auch dort sind viele Betriebe bankrott gegangen, mussten ihre Mitarbeiter entlassen, weil der Staat nicht die Rechnungen dieser Betriebe bezahlt hatte.

In Deutschland gingen immer wieder Autozulieferer bankrott, weil die Autohersteller die Preise dieser Zulieferer zu stark gedrückt hatten und weil sie deren Rechnungen erst nach etwa 150 oder gar 180 Tagen bezahlten. Die meisten Großunternehmen in Deutschland erlegen ihren Zulieferern aufgrund ihrer Einkaufsmacht Zahlungsbedingungen auf, denen zufolge die Rechnungen erst nach 120 bis 150 Tagen bezahlt werden. Es wäre wünschenswert, wenn die Medien diese Missstände eines Raubtier-Kapitalismus laufend anprangern würden. Dann würden die Großunternehmen zu fairen Zahlungsbedingungen und fairem Einkaufsverhalten gezwungen werden. Doch das können sich Journalisten nicht leisten, weil sie auf die Großunternehmen Rücksicht nehmen müssen, die mit ihren Werbeaufträgen ihre Medien finanzieren. Die Journalisten sind letztlich wohl Diener der Macht des Kapitals.

In der westlichen Welt glaubte man, dass es auch Aufgabe der Presse bzw. der Medien sei, die jeweilige Regierung zu kontrollieren. Aufgrund der Diktatur des Kapitals sind die Medien jedoch mehr oder weniger alle „gleichgeschaltet", auf den Kurs der Regierung.

Autoritäre Regierungssysteme, wie z.B. Russland oder die Türkei, beschränken den Einfluss oppositioneller TV- und Radio-Sender. Das ist in der BRD nicht notwendig, weil die Opposition über keine eigenen Sender verfügt. Die privaten TV-Sender sind von der Werbung der Wirtschaft abhängig. Die Wirtschaft will keine gespaltene Gesellschaft. Sie will mit Ausnahme der harmlosen Linken keine echte Opposition. Deshalb können sich private Sender keine Berichte leisten, die zu sehr vom Mainstream abweichen.

Echte oppositionelle Meinungen einiger weniger intelligenter Menschen findet man nur „in Fragmenten" in den Leser-Foren zu manchen Online-Artikeln von faz.net und zeit.de.

Ich frage mich, ob nicht inzwischen in Deutschland und in anderen westlichen Ländern eine camouflierte Pressezensur herrscht, weil kaum noch jemand wagt, von der vom „Mainstream" vorgegebenen Meinung abzuweichen.

Mir tun die Journalisten leid, die nicht kritisch denken und nicht kritisch schreiben dürfen, wenn sie ihren Arbeitsplatz nicht verlieren wollen. Ihre Arbeit wird oft genug beherrscht von der Angst um ihren Arbeitsplatz, zumal die Zahl der Arbeitsplätze für Journalisten von Jahr zu Jahr sinkt. Freiheit sieht anders aus.

Ich war jahrzehntelang Abonnent der Frankfurter Allgemeinen Zeitung (FAZ). Doch seit einigen Jahren haben die ehemals renommierte FAZ und die Schweizer NZZ nicht mehr ihre frühere Qualität. Die FAZ ist mir heute kein Abonnement mehr wert. Ich würde sie auch nicht haben wollen, wenn sie mir kostenfrei angeboten würde.

Die Überwachung der Bürger

Früher glaubte man, dass nur die sozialistischen bzw. kommunistischen Staaten ihre Bürger bespitzeln und Akten über sie anlegen und führen. In den freiheitlich-demokratischen Ländern des Kapitalismus hielt man solch eine detaillierte Überwachung der Bürger für unmöglich, für politisch nicht durchsetzbar, aber auch für nicht gewollt.

Seit 2013 wissen wir von dem amerikanischen Whistleblower Edward Snowden, der als Computerspezialist für die National Security Agency (NSA) arbeitete, dass alle Bürger in den USA, in Europa, insbesondere in Deutschland, von der NSA überwacht werden. Britische und deutsche Bürger, vielleicht auch alle Europäer, werden zudem noch vom britischen Geheimdienst abgehört. Von der NSA werden alle Telefongespräche, SMS, E-Mails usw. abgehört, gespeichert und ausgewertet. Es würde mich nicht wundern, wenn auch Briefe geöffnet und deren Inhalte fotografiert und gespeichert werden.

Auch der Bundesnachrichtendienst (BND) soll deutsche Bürger „versehentlich (?)“ abgehört und die Erkenntnisse an die NSA weitergegeben haben.

Für die innere Sicherheit in Deutschland gibt es im Übrigen den Bundesverfassungsschutz und die Verfassungsschutz-Ämter in den 16 Bundesländern. Es ist davon auszugehen, dass auch diese Behörden Erkenntnisse über tausende von Bürgern sammeln und speichern, von denen vermutet wird, dass ihr Denken und Handeln gegen die verfassungsgemäße Ordnung der Bundesrepublik Deutschland (BRD) gerichtet sein könnte. Sieht so „Freiheit" aus? Erinnert das nicht auch etwas an die DDR?

Gedanken zur Wirtschaftsform

Der Kapitalismus ist unbestritten die effizienteste Wirtschaftsform. Das Ziel war ursprünglich wohl, für eine höchstmögliche Zahl von Bürgern eines Staates den höchstmöglichen Wohlstand zu erreichen und ihnen Freiheit zu bieten. Doch was wurde wirklich erreicht?

In den USA verfügen 1 Prozent der Bürger über 99 Prozent aller Vermögenswerte. Der amerikanische Traum, ein Teil des Wertesystems der USA, dass jeder Bürger es mit harter Arbeit „vom Tellerwäscher zum Millionär" schaffen könne, ist seit Jahren überholt. Viele Arbeitnehmer brauchen zwei bis drei Jobs, um sich ihren Lebensunterhalt verdienen zu können. Deshalb spricht man seit längerer Zeit von „work to poor", dass die Arbeit nur Armut zur Folge hat.

15 Prozent, rd. 47 Millionen, aller Amerikaner sind arm. 4 von 5 Amerikanern fallen vor Erreichen ihres 60. Lebensjahrs zeitweise in Arbeitslosigkeit, sinken an die Armutsgrenze und benötigen staatliche Hilfe, berichtete „Die Welt" am 08. Oktober 2014.

Die Mittelschicht in den USA ist in den letzten Jahrzehnten ärmer geworden. Sie hat ihren Einfluss in der Gesellschaft und in der Politik verloren. Dagegen haben die Reichen mehr Macht gewonnen, die mit ihrem Geld die Politiker sponsern und bezahlen.

Ähnliche Entwicklungen finden sich auch in Europa und anderen kapitalistischen Ländern.

Generell hat unter den Arbeitnehmern die soziale Unsicherheit zugenommen. Bei großen Unternehmen gibt es zunehmend Massenentlassungen. Wer in Europa mit 45 oder 50 Jahren seinen Job verliert, hat nur wenig bis keine Chancen, wieder einen Job gemäß den erworbenen Erfahrungen zu finden. Er muss von demütigenden Sozialtransfers leben.

Das kapitalistische System macht aus den Arbeitnehmern zunehmend eine Art Arbeits-Sklaven. Um die wirtschaftliche Effizienz des Systems im globalen Wettbewerb aufrechtzuerhalten, wird der Leistungsdruck auf die Arbeitnehmer immer mehr erhöht. Viele Arbeitnehmer halten das nicht durch. Sie werden krank, leiden unter Burn-out oder anderen psychischen Erkrankungen.

Das Einkommen der Arbeitnehmer steigt nur geringfügig. Dagegen billigen sich die Topmanager in eigener Entscheidung und mit Billigung ihres Aufsichtsrats, auch von deren gewerkschaftlichen Vertretern, immer höhere Einkommen zu.

Ein bisher wenig beachtetes Problem oder zumindest als eine eher unabänderlich betrachtete Entwicklung ist der Konsum von Drogen durch Führungskräfte und Arbeitnehmer. Sie glauben, ohne die Drogen dem Leistungsdruck nicht gewachsen zu sein. Sogar ein Bundestagsabgeordneter musste kürzlich zugeben, die Droge Crystal Meth genommen zu haben, um mit seinem Leistungsdruck fertigzuwerden.

In ähnlicher Weise wird auch Leistungsdruck auf die Schüler an den Schulen ausgeübt. Ein Konkurrenzverhalten wird gefördert als Vorbereitung auf das Arbeitsleben. Es fördert den Egoismus. Viele Schüler nehmen Ritalin, um sich damit besser konzentrieren zu können und werden abhängig davon. Besonders in den USA soll das weit verbreitet sein.

Wer Abitur machen und studieren will, muss sich „quälen", die geforderten Leistungen zu erreichen. Auch mit einem Universitäts-Examen hat in der heutigen Zeit der Einzelne keine Sicherheit einen adäquaten Job oder überhaupt einen Job zu bekommen.

In den USA bekamen vor einigen Jahren selbst Absolventinnen der renommierten Harvard-Universität keinen adäquaten Job. Sie mussten an der Theke von Fastfood-Restaurants arbeiten, um etwas Geld zu verdienen. Präsident Obama hat es geschafft, die in der Finanzkrise entstandene Arbeitslosenzahl von rd. 10 Prozent auf rd. 6 Prozent in 2014 zu senken. Die neuen Arbeitsplätze, so las man, werden jedoch schlechter bezahlt als vor der Finanzkrise. Generell ist seit vielen Jahren auch die Mittelschicht in den USA ärmer geworden, während die Reichen reicher wurden.

In den 80iger Jahren konnten in Deutschland Führungskräfte noch tatsächlich von ihrem Urlaubsanspruch in Höhe von 6 Wochen im Jahr Gebrauch machen. Heute traut sich keiner mehr, diese lange Urlaubszeit in Anspruch zu nehmen. Wer 3 Wochen vom Arbeitsplatz fern wäre aufgrund von Urlaub, liefe Gefahr, seine im Unternehmen erkämpfte Stellung zu verlieren. Also machen Führungskräfte meist nur eine Woche bis vielleicht 10 Tage Urlaub, das vielleicht zweimal im Jahr.

Typisch für den Kapitalismus sind die soziale Ungerechtigkeit und die soziale Unsicherheit. Die soziale Unsicherheit versucht man zu kompensieren, in den USA u.a. mit Hilfe von Essensmarken, in Europa mit Sozialhilfe bzw. Hartz-IV in Deutschland.

Junge Menschen, die keine Arbeit finden wegen zu schlechter Schulbildung haben keine Perspektive für ihr Leben, auch wenn sie nicht verhungern können.

Es ist das Prinzip des Kapitalismus, die Angebotsbedingungen für Arbeitnehmer diktieren zu wollen. Die Unternehmen brauchen ein Überangebot an Arbeitsplatzbewerbern. Anderenfalls könnten in einer Mangelsituation die Arbeitsplatzbewerber höhere Löhne bzw. Gehälter als die bisher Beschäftigten fordern. Die Unternehmen würden sich gegenseitig die besten Fachkräfte abwerben. Um das zu verhindern, wären die Unternehmen gezwungen, in vielen Bereichen die Einkommen ihrer Fachkräfte deutlich zu erhöhen. Es ist deshalb nicht verwunderlich, wenn die Unternehmen ständig über Fachkräftemangel klagen, um mehr Studenten zu veranlassen, die von ihnen benötigte Qualifikation zu erwerben und die Einwanderung von Fachkräften zu verlangen!

Vor einigen Jahren hatte die Industrie Studenten aufgefordert, Informatik und Ingenieurwesen zu studieren. Als die Studenten ihr Examen hatten, mussten viele von ihnen zu ihrer großen Enttäuschung feststellen, dass die Industrie auf sie keinen Wert mehr legte. Gleiches geschah mit den Studien-Absolventen für das Lehramt an Schulen.

Die Politik lässt die Bürger in dem Glauben, dass alle Menschen ein Recht auf Chancengerechtigkeit für Arbeit und Wohlstand haben. Die Wahrheit ist, dass es diese Chancengerechtigkeit im Kapitalismus nicht geben kann.

Armut in Deutschland

Deutschland wird immer wieder als reiches Land bezeichnet trotz überschuldeter Kommunen, trotz maroder Infrastruktur. Obwohl Deutschland angeblich reich ist, sind mehr als 10 Millionen Bürger armutsgefährdet, so wurde kürzlich berichtet.

Es lässt sich auch eine andere Rechnung aufführen. Es gibt ca. 6,2 Millionen Empfänger von Hartz-IV, die wahrlich arm sind. Des weiteren muss man von rd. 1,5 Millionen Empfängern von Arbeitslosengeld I die Hälfte als arm bezeichnen. Dazu kommen ca. 7 bis 8 Millionen Niedriglöhner, die nur schwierig ihren Lebensunterhalt mit Miete finanzieren können. Zu dieser Gruppe zählen offenbar auch die 800.000 bis 900.000 Zeitarbeiter. 6,7 Millionen Menschen arbeiten in Minijobs mit 15 Wochenstunden oder etwas mehr. Von den 20 Millionen Rentnern sind vermutlich 20 Prozent als arm anzusehen. Das ergibt schätzungsweise insgesamt 25 Millionen Arme in der BRD, insgesamt 30 Prozent der Bevölkerung. Unter Armut wird in diesem Sinne verstanden, dass diese Personengruppe es schwer hat, von ihrem Einkommen ihre Wohnungsmiete und die übrigen Lebenshaltungskosten aufzubringen. Für Urlaubsreisen und ein Ansparen für die Altersversorgung fehlt das Geld.

In einigen Unternehmen, z.B. in der Autoindustrie, gehören nur etwa 60 Prozent der Mitarbeiter/innen zur Stammbelegschaft. Die restlichen 40 Prozent sind Leiharbeiter von Zeitarbeitsfirmen, denen je nach Wirtschaftslage jederzeit kurzfristig gekündigt werden kann. Ihre soziale Sicherheit ist gering.

Der Kapitalismus ist eine Überfluss-Wirtschaft. Er bietet ein Warenangebot im Überfluss. Das Problem ist, dass sich die Armen von dem Überfluss nichts gönnen können. Sie können das Angebot im Supermarkt bewundern, aber für sich können sie nur die für ihre Grundbedürfnisse benötigten Waren kaufen. Sie sind relativ gesehen so arm wie die meisten Bürger im früheren Sozialismus.

Profiteure des Kapitalismus sind die 10 Prozent Reichen und Superreichen und die gut bezahlten Führungskräfte und Facharbeiter der Stammbelegschaften der Großunternehmen. Schon die Handwerker in Handwerksbetrieben haben nichts von dem Reichtum in ihrem Land. Für sie gibt es auch keine Betriebspension wie in Großunternehmen. Sie müssen hart arbeiten, sind aber im Alter wieder arm dran.

Staatliche Haushalte

Die Wirtschaft im Kapitalismus ist nicht stabil. Sehr viele Bürger sind deutlich bis hoch verschuldet, um ihren Konsum zu finanzieren. Der auf Schulden gegründete Konsum ist in vielen Staaten die Stütze der Wirtschaftsleistung und der Beschäftigungsquote der Arbeitnehmer.

Darin liegt auch das Risiko jeglicher Wirtschaftsschwäche. Ein deutlicher Rückgang des Konsums hat zwangsläufig eine Senkung der Investitionsausgaben und eine Rezession zur Folge. Die Steuereinnahmen sinken und die Staatshaushalte geraten in ein Defizit. Notwendige Ausgaben können nicht mehr getätigt werden, wenn der Staat nicht Kredite aufnimmt und somit Schulden macht. Der Staat muss Schulden machen, weil er in wirtschaftlich guten Jahren keine finanziellen Reserven geschaffen oder zumindest vorhandene Schulden nicht reduziert hatte.

Schon in früheren Jahren, aber besonders als Folge der Finanzkrise in 2008, wuchsen weltweit die Schulden der Staaten. Um die von der Finanzkrise ausgelöste Rezession zu überwinden, entschieden sich die Regierungen vieler Staaten für schuldenfinanzierte Konjunkturprogramme. Auch die Bundesrepublik erhöhte mit solchen Programmen kräftig die Staatsschulden.

Seit der Finanzkrise in 2008 fluten die Notenbanken weltweit die Banken und die Wirtschaft mit virtuellem Geld, um eine Rezession oder eine Deflation zu verhindern. Daraus entstanden neue finanzielle Gefahren für die Wirtschaften aller Länder.

In 2013 oder auch 2014 kam der Internationale Währungsfonds zu dem Ergebnis, dass bei schuldenfinanzierten Konjunkturprogrammen für jeden Dollar Ausgabe nur ein Rückfluss in Form von Wachstum in Höhe von 0,50 Dollar erfolgte. Kein vernünftig wirtschaftendes Unternehmen würde sich für eine Investition mit solch einer negativen Profitabilität entscheiden. Seltsamerweise interessieren sich die Politiker nicht für das Kriterium der Profitabilität.

Warum machen dann Staaten solch einen Unsinn? Der Grund für unsinnige Maßnahmen dieser und anderer Art ist, dass Regierungen in kapitalistischen Ländern dafür sorgen müssen, dass die Armen nicht unter die Räder kommen. Da die Reichen stets reicher werden, muss dafür gesorgt werden, dass die Armen ihren niedrigen Lebensunterhalt behalten können. Anderenfalls würden Aufstände drohen, denen die Regierung nicht gewachsen wäre. Schuldenaufnahme von Regierungen ist daher der Preis dafür, dass noch genügend Geld für den Lebensunterhalt der Armen bereitgestellt werden muss.

In den USA als reichstem und produktivstem Land der Welt wachsen seit Jahren die Schulden des Staats. Die USA glauben, dass sie als größte Weltmacht Kriege führen müssen, wie z.B. im Irak und in Afghanistan. Vermutlich werden sie dazu auch von ihrer Rüstungsindustrie gedrängt, damit diese Umsatz und Profit erzielen kann. Diese Kriege sind zu finanzieren. Das geht meist nur mit Schulden.

Auf der anderen Seite ist ein großer Teil der Infrastruktur Amerikas sanierungsreif. Doch für die Sanierung fehlt das Geld. Kriege zu führen und zu finanzieren scheint wichtiger zu sein als das Wohl der Menschen. Viele Bundesstaaten, sogar Kalifornien, sind am Rande des Bankrotts oder schon bankrott. Ebenso sind viele Städte und Kommunen in den USA bankrott. Besonderes Aufsehen erregte der Bankrott der Auto-Metropole Detroit. Für die betroffenen Bürger bedeutet es Massenentlassungen, Entlassungen auch im öffentlichen

Dienst und Gehaltskürzungen. Ist es erstrebenswert, in solch einem Land zu leben? Auch wenn es das teilweise nicht ist, so haben doch die meisten Bürger keine andere Wahl, als in dem Land leben zu müssen, in dem sie geboren sind.

Ähnliche Verhältnisse finden sich in der Bundesrepublik. Auch hier sind viele Städte und Gemeinden konkursreif.

Für viele Aufgaben, die sich die Regierung im Verhältnis zum Ausland, z.B. die Finanzierung von Krisenstaaten der Euro-Zone, vorgenommen hat, ist Geld vorhanden, z.T. mit Schulden finanziert. Doch auch in der Bundesrepublik sind Straßen, Brücken und Schulbauten marode, sind sanierungsreif. Aber dafür ist kaum Geld vorhanden. Früher hat man geglaubt, dass nur der Sozialismus kein Geld für die Sanierung von Straßen, Brücken, Wohnungen, Schulbauten usw. hatte. Aber gilt das nicht inzwischen auch für den Kapitalismus?

Trotz vieler Verschiedenheiten, so scheinen der Sozialismus und der Kapitalismus die gemeinsame Eigenschaft zu haben, dass ihre Bürger dazu neigen, über ihre Verhältnisse zu leben und ihren Staat in den Bankrott zu führen, zumindest tendenziell.

Das System des Kapitalismus ist letztlich nur auf Sand gebaut. Es kann nur mit wachsender Verschuldung aufrechterhalten werden, ähnlich wie früher der Sozialismus.

Weltweit sind die meisten Staaten überschuldet. Sie leben über ihre Verhältnisse. Sie haben kaum eine Chance, den angehäuften Schuldenberg jemals wieder zu reduzieren.

Versucht man, ein Fazit zu den Ergebnissen des Kapitalismus als Wirtschafts- und Gesellschaftsform zu ziehen, so könnte man meinen, dass die Menschen in diesem System sehr unglücklich sind. Umfragen ergeben jedoch, dass die meisten Menschen mit ihrem Leben ganz zufrieden sind.

Spötter haben mal gesagt, dass die Leiden der Menschen im Kapitalismus mit einem hohen Konsum kompensiert oder „belohnt" werden. Der Grund dafür, dass die Menschen mit dem Kapitalismus relativ zufrieden sind, ist auch darin zu sehen, dass es keine Alternative mehr gibt. Es gibt kein sozialistisches Land mehr auf der

Erde, wenn man mal von Kuba absieht. Und Kuba wirkt aufgrund der Medienberichte eher abschreckend, denn als Vorbild. Vielleicht entsprechen die Medienberichte nicht der Wahrheit. Aber das Gegenteil kann der Durchschnittsbürger nicht beweisen, auch nicht erkennen.

Bürokratie

Man hat früher geglaubt, dass eine überbordende Bürokratie nur das Kennzeichen des Sozialismus sei. Heute muss man feststellen, dass alle kapitalistischen Länder über eine ständig zunehmende Bürokratie verfügen. Ist die Ursache ein nicht zu stoppender Regulierungswahn? Die Regierungen nehmen sich vor, ihre Bürokratie zu verringern. Aber eher tritt das Gegenteil ein.

Es werden immer mehr Beamte und Verwaltungsangestellte eingestellt, die immer mehr Gesetze und Verordnungen produzieren. Zum Ausgleich für die steigenden Personalkosten wird die Zahl der Polizisten und Lehrer reduziert. Das geht zu Lasten der Sicherheit im Lande und zu Lasten des Bildungssystems. Dieser negative Prozess lässt sich nicht stoppen, da die Macht bei den Politikern in der Regierung liegt. Es geht oft auch darum, Parteifreunden einen guten Job als Beamter oder Regierungsangestellter zu verschaffen. Bekanntlich haben Beamte keine soziale Unsicherheit und werden noch mit hohen Pensionen belohnt, die 40 bis 50 Prozent höher sind als die Durchschnittsrenten vom letzten Einkommen in der Wirtschaft.

In einer kleinen Gemeinde kann man feststellen, dass man für das Anbringen einer Terrassen-Überdachung einen Bauantrag braucht mit Genehmigung des Gemeinderats und des Landratsamts. Gleiches gilt, wenn ein Carport oder ein Wintergarten errichtet werden soll oder eine Ferienwohnung in eine normale Wohnung umgewandelt werden soll. Für den Ausweis von Bauflächen müssen 21 oder sogar 22 Ämter ihre Stellungnahme abgeben, bevor eine Genehmigung erfolgen kann.

Kriminalität

„Die USA haben mit 706 pro 100.000 Einwohnern (2011) die höchste Inhaftierungsrate der Welt" (zitiert aus Wikipedia). So waren laut Wikipedia Ende 2011 rd. 2,2 Millionen Amerikaner im Gefängnis (2,2 % der Bevölkerung). Hierbei wurden nicht gerechnet die rd. 4 Millionen Amerikaner, die zur Bewährung auf freiem Fuß waren und nicht die 0,85 Millionen, die zur Haftaussetzung auf freiem Fuß waren.

Die meisten Verurteilungen erfolgten aufgrund von Drogendelikten. Viele Menschen in den USA, insbesondere in den Gangs, leben vom Drogenhandel, weil sie keine andere Arbeit finden.

Die Gefängnisse in den USA sind total überfüllt, vielfach überbelegt. Im Bundesstaat Kalifornien mussten Straftäter auf freien Fuß gesetzt werden, um Platz für neue Verurteilte zu schaffen. Für die Sicherheit der restlichen Bevölkerung war das schlecht.

In Deutschlands Gefängnissen befinden sich etwa 60.000 Strafgefangene. Auch in der BRD sind die Gefängnisse vielfach überbelegt. Die Vorschriften für die Unterbringung von Gefängnisinsassen werden missachtet, weil zu wenige Gefängniszellen zur Verfügung stehen.

In unserem „Rechtsstaat" werden in den Gefängnissen Insassen von Mitgefangenen misshandelt, vergewaltigt, zum Selbstmord veranlasst oder gar getötet. Das nimmt der Staat hin, ohne für wirksame Abhilfe zu sorgen.

Warum haben die kapitalistischen Staaten eine hohe Kriminalitätsrate? Vielleicht ist die einfachste Antwort der große Unterschied zwischen arm und reich. Ein anderer Grund ist sicher auch, dass die Kriminellen keine Perspektive für ihr Leben erkennen konnten. Aufgrund einer unzureichenden Schulbildung hatten sie schlechte Chancen am Arbeitsmarkt, wo sie im Wettbewerb mit anderen um die wenigen für sie geeigneten Arbeitsplätze standen. Als Empfänger von Sozialleistungen fehlte ihrem Leben eine vernünftige Strukturierung. Diese Strukturierung finden sie im Gefängnis, wo ihr Tag klar in Arbeit und Freizeit eingeteilt ist.

Insbesondere für Deutschland und die EU lässt sich feststellen, dass der Auslöser für Kriminalität der große Unterschied zwischen arm und reich ist. Seit die armen Staaten Polen, Tschechien, Rumänien und Bulgarien Mitglied der EU geworden sind, haben sich in der BRD als Erstes die Diebstähle enorm erhöht. An der Grenze zu Polen und Tschechien werden unglaublich viele Autos, Motorräder, Baumaschinen und Lastwagen gestohlen und bei Nacht über die Grenze gebracht. Der deutsche Staat wirkt hier hilflos!

Osteuropäische Einbrecherbanden verüben immer mehr Einbrüche in Deutschland. Zum Teil verprügeln sie die Bewohner der Einfamilienhäuser oder Wohnungen bis zum Totschlag. Gewalttaten mit Körperverletzungen nehmen zu. Osteuropäische Banden verüben immer mehr Diebstähle in Bahnhöfen und Zügen.

Die aus Kostengründen ständig weiter reduzierte Mannschaftsstärke der Polizei steht dieser Kriminalität hilflos gegenüber. Die Aufklärungsquote bei Einbrüchen geht eher gegen Null. Es wird auch von Seiten des Staats nichts getan, um diese osteuropäischen Einbrecherbanden an ihrem Tun zu hindern. Solange die Politiker selbst nicht zum Opfer wurden, werden sie auch nichts dagegen unternehmen. Gemäß der Schengen-Vereinbarung, dürfen die deutschen Grenzen nicht mehr überwacht werden. Die Einhaltung dieses Vertrags ist der Regierung wichtiger als die Sicherheit der Bürger!

Seit der EU-Osterweiterung überfluten osteuropäische Bettlerbanden die deutschen Städte. Auch hier stehen die Behörden dieser Belästigung mit teilweiser Erpressung hilflos gegenüber.

Als Folge der Einwanderung von Menschen aus fremden Kulturen haben wir in vielen Städten eine Parallelgesellschaft mit Zonen, die von deutschen Polizisten nicht mehr betreten werden und in denen das Recht der Einwanderer gilt, nicht unser Grundgesetz.

Es ist toll, was wir alles an neuen „Errungenschaften" und neuen „Lebenserfahrungen" dem Kapitalismus und dem blinden und unüberlegten EU-Erweiterungsdrang der Politiker und den Wirtschaftsbossen verdanken, die aber von allen diesen Nachteilen für die Bevölkerung nicht betroffen sind.

Unsere Schein-Demokratie, die sich nicht entscheiden kann, ob sie Demokratie oder Diktatur sein will, ist nicht in der Lage und nicht willens, die Sicherheit ihrer Bürger zu gewährleisten. Es hat früher keine „No-Go-Zonen" in Deutschland gegeben, bei deren Betreten Menschen um Leib und Leben fürchten müssen.

Es war vermutlich das Kapital in Gestalt der Wirtschaft, das die Regierungen der EU veranlasste, die bettelarmen Länder Rumänien und Bulgarien in die EU aufzunehmen. Die Wirtschaft wollte in diesen Ländern billiger produzieren und in ihnen mehr Umsatz machen. Dass mit der damit verbundenen großen Spreizung der Einkommen der Bürger in Rumänien und Bulgarien einerseits und den Bürgern der alten EU-Länder große soziale Spannungen entstehen, wie Armutseinwanderung und vermehrte Kriminalität, wurde von der deutschen Regierung rücksichtslos der eigenen Bevölkerung zugemutet.

Gerechtigkeit und Rechtssicherheit mit Mängeln

Es gibt den Spruch: „Auf hoher See und vor Gericht ist der Mensch in Gotteshand". In Bezug auf das Gericht ist diese Feststellung eine Akzeptanz des menschlichen Versagens. Vor einigen Jahren hat ein Amtsrichter vor Beginn der Verhandlung die anwesenden Parteien auf diesen Spruch verwiesen. Wollte er damit zum Ausdruck bringen, dass er nach seinem Gusto entscheiden werde? Teilweise kam es auch so.

Nicht nur in den USA, sondern auch in Europa und insbesondere in Deutschland werden viele Fehlurteile gefällt. Teilweise sitzen die Verurteilten für immer oder für viele Jahre unschuldig im Gefängnis. Obwohl das Fehlurteil ihre Lebensbasis zerstört hat, werden sie nach Aufhebung eines Fehlurteils in Deutschland nur mit lächerlich geringen Geldbeträgen entschädigt. Die Ungerechtigkeit wird so fortgesetzt. Der Staat steht nicht vollends für sein Versagen ein.

In kapitalistischen Ländern nimmt man es mit der Gerechtigkeit und Rechtssicherheit nicht besonders ernst. So wurden bekanntlich einige europäische Verträge, u.a. das Bail-out-Verbot, gebrochen. Italien hält sich nicht an den Vertrag von Dublin, die in Italien eingewanderten Flüchtlinge aufzunehmen. Gegen diesen Vertragsbruch ziehen weder die EU-Kommission noch eines der europäischen Länder vor den EUGH.

Geht es dagegen um die Rettung von Griechenland oder Zypern in der Euro-Zone vor dem Bankrott, da werden von den restlichen Euro-Staaten große Geldbeträge hingegeben, um das Vermögen der reichen Griechen und Zyprer zu retten! Die Reichen müssen sich dort nicht an der Rettung ihres Staats beteiligen.

Anstatt auf die eigenen Ungerechtigkeiten und Menschenrechtsverletzungen zu schauen, verweisen Regierung und Medien lieber auf die Menschenrechtsverletzungen in anderen Ländern. In Deutschland wird der Fall Gustl Mollath, der unschuldig war und dennoch zum unbegrenzten Aufenthalt in der Psychiatrie verurteilt wurde, dann gern als Einzelfall abgetan. Der dürfte dennoch symptomatisch für das Rechtswesen in der BRD sein. Es mussten doch viele Bürger vor den europäischen Gerichtshof für Menschenrechte ziehen, um zu ihrem Recht zu kommen.

Unser Rechtswesen ist auch unsozial. Wer vor Gericht in der ersten Instanz aufgrund von Rechtsfehlern seinen Prozess verliert, darf in die Berufung vor der nächsten höheren Instanz gehen. Die Kosten sind aber so hoch, dass jemand, der keine Rechtsschutzversicherung hat, sich die Berufung kostenmäßig nicht leisten kann. Er verliert sein Recht, obwohl er im Recht ist.

Die Industrie optimiert ihre Verwaltungs- und Produktionsabläufe gemäß der Norm ISO 9001. Diese Norm sichert ein Qualitätsmanagement auf allen Stufen des Handelns. Es wäre angebracht, dass sich auch die Justiz damit befasst, die Qualität ihrer Urteile schon am Amtsgericht oder generell in der ersten Instanz zu verbessern.

Vor einigen Jahren empfahl ich dem Bundesjustizministerium, die Qualität der Urteile an den Gerichten mit Hilfe eines Qualitätsmanagements nach ISO 9001 zu verbessern. Ich wurde jedoch belehrt, dass Fehlurteile der ersten Instanz in der nächsthöheren

Instanz korrigiert werden können. Deshalb sehe man keinen Änderungsbedarf an dieser Praxis.

Im Kapitalismus gibt es keine soziale und keine wirtschaftliche Gerechtigkeit. Es herrscht die Macht des Stärkeren. Wer die Macht hat, bestimmt die Lebensverhältnisse.

Ein Beispiel hierfür ist die Rente. Bei den Arbeitnehmern der Wirtschaft beträgt die durchschnittliche Rente in 2014 nur etwa 48 Prozent des letzten Netto-Einkommens vor Rentenbezug. Beamte erhalten dagegen rd. 72 Prozent ihres letzten Bruttoendgehalts als Pension. Nun sind Prozente vom Netto-Einkommen und vom Bruttoendgehalt nicht direkt vergleichbar. Der Beamtenbund und staatliche Stellen versichern den Bürgern immer wieder, dass Pensionäre angeblich nicht besser versorgt werden als Rentner der Privatwirtschaft. Wer also Nutznießer von Beamtenpensionen ist oder sein wird oder Versorgungsbezüge erhält, die auf der Basis von Pensionen berechnet werden, wird immer die mit Pensionen verbundenen Vorteile gegenüber Renten der Deutschen Rentenversicherung hinunterrechnen.

Unwiderlegbare Tatsache ist, dass die Pensionen im Durchschnitt viel höher sind als die Renten. Beamte und wohl auch die Pensionäre erhalten im Krankheitsfall eine Beihilfe vom Staat.

Rentenerhöhungen erfolgen auf der Basis der durchschnittlichen beitragspflichtigen Brutto-Lohnbezüge in der Privatwirtschaft des Vorjahres, nachdem der ermittelte Prozentsatz um zwei Komponenten, den Riesterfaktor und den Nachhaltigkeitsfaktor gekürzt wurde.

Beamtenpensionen werden meines Wissens um den gleichen Prozentsatz erhöht, wie die Beamtengehälter aufgrund von Tarifverhandlungen erhöht werden, ohne Kürzung durch Riesterfaktor und Nachhaltigkeitsfaktor. Die Rentenversicherung speist sich aus den Beiträgen der Rentenversicherten und deren Arbeitgeberbeitrag. Bei Staatsbediensteten ist das einfacher. Beamte müssen keine Pensionsbeiträge bezahlen. Auch der Staat zahlt hier in keine Pensionskasse ein. Er zahlt die Pensionen aus dem Staatshaushalt, auch wenn dafür Schulden aufzunehmen sind. So einfach ist das. Das wird sich auch niemals ändern lassen, da sowohl die meisten Abgeordneten der Parlamente, die Minister/innen und die Richter an höchsten Gerichten kein Interesse daran haben, ihre Privilegien aufzugeben.

Beamte werden auf Lebenszeit angestellt. Sie sind die einzige Berufsgruppe, deren Angehörige ihr Leben ohne Sorge vor Entlassung planen können mit Gründung einer Familie und dem Bau eines Hauses. Dieses Privileg hat kein anderer Arbeitnehmer.

Der deutsche Laissez-Faire-Staat

Gegen Systemgegner setzt sich der Staat energisch zur Wehr und inhaftiert die Gegner. Auf vielen anderen Gebieten ist es jedoch ein Laissez-Faire-Staat, der falschen Entwicklungen nicht energisch entgegensteuert. Solch ein Fall ist die hohe Rate von etwa 6 Prozent der Schüler, welche die Schule ohne Abschluss verlassen. Das sind 40.000 bis 50.000 Schüler jedes Jahr. In 6 Jahren summiert sich das auf 250.000 junge Menschen ohne Zukunfts-Perspektive. Die Abbrecher-Rate sinkt kaum noch.

Wie könnte die Lösung des Problems aussehen? Eine starke Regierung – in Zusammenarbeit mit einer vernünftigen Opposition – müsste z.B. in Deutschland per Gesetz Eltern dazu verpflichten, dass ihre Kinder ab 3. Lebensjahr einen Kindergarten besuchen müssen. Das fördert soziales Verhalten und das Beherrschen der deutschen Sprache. Schicken die Eltern ihre Kinder nicht in den Kindergarten, treten automatisch finanzielle Sanktionen in Kraft mit Wegfall des Kindergelds.

Alle Kinder müssen bei der Einschulung in einer Prüfung nachweisen, dass sie die deutsche Sprache beherrschen, sprechen und verstehen. Kinder, die diesen Test nicht bestehen, werden in Sonderschulklassen, einer Art Vorschule, zusammengefasst, wo sie die noch fehlenden Sprachkenntnisse erwerben.

Die Schüler/innen müssen so lange im Schulsystem bleiben, bis sie einen qualifizierten Abschluss erreicht haben. Es müssen automatisch eintretende finanzielle Sanktionen dafür festgelegt werden, wenn sich Schüler/innen dieser Anforderung entziehen wollen. Lernschwachen Schülern muss jegliche Hilfe in Sonderschulen geboten werden.

Wenn man heute hört, dass viele Schüler trotz Schulabschluss nicht richtig lesen, schreiben und rechnen können, schüttelt man nur den Kopf. Meine Mutter, eines von 4 Kindern einer Kriegerwitwe, hatte nur eine Dorfschule besucht mit 4 Jahrgängen im selben Klassenraum. Sie konnte hervorragend lesen, fehlerlos schreiben und schnell und fehlerlos rechnen und sich sprachlich fehlerlos ausdrücken. Warum bringen die Schüler heutzutage das nicht zustande?

Anschließend an die Schule mit qualifiziertem Abschluss haben Schüler/innen eine qualifizierte berufliche Ausbildung anzutreten, wobei bestimmte Wünsche passend zu den Talenten und Interessen berücksichtigt werden sollten, wo immer das möglich ist. Die Auszubildenden verbleiben so lange im beruflichen Ausbildungssystem, bis sie auch hier einen qualifizierten Abschluss erreicht haben.

Wer aus diesen Anforderungen aussteigt, weil er nicht lernen will, darf bis zum 35. Lebensjahr keine Sozialtransfers erhalten, so dass er von den Eltern ernährt werden muss. Nach dem 35. Lebensjahr erhält er nur 90 Prozent der geltenden Sozialleistungen, weil er es darauf angelegt hat, dass fleißige Arbeitnehmer ihn ernähren müssen. Bis zum 35. Lebensjahr wird jedem Aussteiger die Chance geboten, seinen Schulabschluss und beruflichen Ausbildungsabschluss nachzuholen.

Würde die Politik so konsequent handeln, hätten alle jungen Menschen eine Zukunftsperspektive. Die Wirtschaft könnte mit diesen ausgebildeten Menschen besser wachsen als beim jetzigen Zustand, wo Hunderttausende junger arbeitsloser Menschen keinen Nutzen bieten können, vielleicht auch nicht wollen, und von den fleißigen Arbeitnehmern alimentiert werden müssen.

Können wir uns solch eine Fehlentwicklung bei unserer alternden Gesellschaft und der abnehmenden Zahl der arbeitsfähigen Bevölkerung leisten? Kann es sich unsere hoch entwickelte Volkswirtschaft leisten, ihre Kinder und Jugendlichen zwischen anstrengender Bildung und Ausbildung oder dem anstrengungslosen Abtauchen in die Sozialtransfers wählen zu lassen? Kann unsere Gesellschaft ihnen diese Freiheit ohne Übernahme der damit verbundenen Verantwortung geben?

Können wir es uns leisten, arbeitsfähigen Jugendlichen den Weg ins Nichtstun mit Hartz IV zu erlauben und deshalb die Zuwanderung von Fachkräften aus dem Ausland zu fördern?

Eigentlich ist die Quote der Schüler ohne Schulabschluss kein typisches Merkmal des Kapitalismus. Von der DDR war bekannt, dass dort die Quote höher war als in Westdeutschland. Dennoch gibt es einen Unterschied. Die DDR bot auch den jungen Menschen ohne Schulabschluss einen Arbeitsplatz. Sie wurden beschäftigt, wie auch immer die Art der Beschäftigung gewesen sein mag. In der kapitalistischen BRD haben Schulabbrecher jedoch kaum eine Chance, einen der wenigen für sie noch geeigneten Arbeitsplätze zu finden. Sie müssen als Empfänger von Hartz IV von den lernwilligen, fleißigen Arbeitnehmern alimentiert werden. Befragungen hatten zum Teil ergeben, dass von dieser Art Schüler als Berufswunsch „Hartz IV" angegeben wurde.

Die deutsche Regierung lässt die Armutseinwanderung von Tausenden von EU-Bürgern in Hartz IV zu, obwohl sie aufgrund der europäischen Verträge dazu nicht verpflichtet ist. Sie mutet es deutschen Bürgern zu, dass Armutseinwanderer ihre Kinderwindeln und anderen Abfall aus dem Fenster werfen und damit Ratten anziehen, was zur Entwertung der Grundstücke der benachbarten deutschen Bürger führt. Die Mädchen bzw. jungen Frauen der Einwanderer gehen in der Nachbarschaft der Straßen-Prostitution nach, um das Familieneinkommen zu erhöhen. Das alles dulden die Kommunen in Nordrhein-Westfalen.

Unsere Regierung zieht mit der monatlichen Veröffentlichung niedriger Arbeitslosenzahlen Flüchtlingsströme an, weil die Wirtschaftsflüchtlinge glauben, in Deutschland eher Arbeit zu finden als in Italien oder anderen EU-Ländern mit hoher Arbeitslosigkeit. Warum veröffentlicht die Regierung nicht zusätzlich zu den Arbeitslosenzahlen die Zahl der Millionen Menschen, die im System von Hartz IV geparkt sind und keine Chance auf Arbeit haben?

Unser Staat nimmt 30.000 syrische Flüchtlinge auf, unterlässt es jedoch, die Initiatoren und Finanziers des syrischen Bürgerkriegs, wie z.B. Saudi-Arabien und Katar, aufzufordern, ebenfalls syrische Flüchtlinge aufzunehmen.

Unser Staat lässt sich von eingewanderten Wirtschaftsflüchtlingen erpressen, die ihre Pässe vernichtet haben und deren Identität daher nicht feststellbar ist. Viele Tausende dieser Einwanderer erhielten ein Bleibe- und Duldungsrecht auf Kosten der deutschen Steuerzahler. Der Staat duldete diesen Betrug. Man hätte sie auffordern müssen, bei der Botschaft ihres Heimatlandes einen neuen Pass zu beantragen. Oder man hätte sie als Staatenlose in ein Land ihrer Wahl abschieben können und dem aufnehmenden Staat je Person 5.000 € gezahlt. Das ist auf Dauer billiger, als diese Erpresser bei uns zu alimentieren.

Unsere Regierung bemüht sich nicht, den Vertrag von Dublin zu ändern, damit alle EU-Länder anteilig entsprechend ihrer Einwohnerzahl Flüchtlinge aufnehmen müssen und nicht nur wenige Länder wie Deutschland die Last tragen müssen.

Unser Staat lässt zu, dass linksautonome Gruppen Gewalttaten verüben und auch Vermögensschäden verursachen. Aber er verbietet diese gewalttätigen Gruppen nicht.

Unser Staat schwankt zwischen teilweise diktatorischem und demokratischem Verhalten hin und her. Er ist nicht in der Lage, seinen Bürgern Sicherheit zu geben gegen kriminelle Einwirkungen. Wenn man die Flüchtlingspolitik betrachtet mit der Aufnahme vieler Flüchtlinge, die wir gemäß europäischen Verträgen und Grundgesetz nicht aufnehmen müssen, dann kann man nur feststellen, dass unser angeblich demokratischer Staat, in dem die Politiker willkürlich herrschen, aber nicht das Volk, nur Unsicherheit und Chaos schafft. Letztlich ist unser Staat eine camouflierte Diktatur.

Obwohl von Experten nachgewiesen wurde, dass die von der Viehwirtschaft auf die Wiesen ausgebrachte Gülle das Trinkwasser mit Schadstoffen belastet, welche die Grenzwerte deutlich übersteigen und gesundheitsschädigend sind, ergreift die Regierung keine Abhilfe-Maßnahmen. Es wäre auch möglich, die Gülle zu pelletisieren und die Pellets zu verbrennen. Das würde die Milch verteuern. Da wird es eher in Kauf genommen, dass die Gesundheit der Bürger gefährdet wird.

Der Staat verbietet auch nicht die uneingeschränkte Verwendung von Antibiotika in der Massentierhaltung. Zugunsten des Profits der Unternehmer wird die Gesundheitsgefährdung der Menschen durch Antibiotika-Resistenzen billigend in Kauf genommen. So ist Kapitalismus!

Obwohl Bürger zunehmend immer wieder unter den Folgen des Klimawandels leiden in Form von Überschwemmungen, Tornados und Orkanen, lässt die Regierung diese Opfer weitgehend allein. Auch die Hochwasseropfer wurden nicht völlig entschädigt. Dabei wäre es einfach, die gesetzliche Pflichtversicherung für Brand, Sturm und Leitungswasser um eine Elementarversicherung zu ergänzen. Doch soviel Interesse an den Opfern hat unsere kapitalistische Bundesregierung nicht.

Uns droht eine große Altersarmut. Die Rentenhöhe vom vorherigen Nettoeinkommen wird in den nächsten Jahren auf unter 50 Prozent sinken. Aufgrund der Niedrigzinspolitik der EZB, die von der Bundesregierung geduldet wird, können die Menschen mit ihren Sparguthaben kaum noch Erträge erwirtschaften, trotz zuletzt niedriger Inflation. Aber auch die minimalen Erträge sind zu versteuern. Als Ergebnis dieser Misere, verzichten die Menschen auf das Sparen als Altersvorsorge.

Der Hinweis von manchen Experten, dass die Niedrigzinsen Arbeitsplätze sichern würden, ist unrealistisch. Die Währungsdifferenzen von Euro zu Dollar sind für unsere Exportunternehmen viel belastender oder auch entlastender als die Zinskosten für Kredite. Außerdem haben die zukünftigen Rentner nichts davon, dass sie jetzt einen Arbeitsplatz haben, als Rentner aber sehr arm sein werden. Im Übrigen hatte Deutschland auch während der Gültigkeit der DM als Währung mit hohen Zinsen wenig Arbeitslose.

Verfall moralisch-ethischer Werte

Der russische Präsident Putin hatte den westlichen Staaten, insbesondere den Staaten der EU, vorgeworfen, dass ihr Wertesystem, welches die westlichen Staaten allen Wertesystemen anderer Staaten für überlegen halten, dekadent sei. Dieser Vorwurf rief eine heftige Empörung der deutschen Medien hervor. Kann es sein, dass der russische Präsident Putin Recht hat?

Tatsächlich verzeichnen wir insbesondere in Deutschland seit Jahren einen Verfall moralischer und ethischer Werte.

Die protestantischen Kirchen und die römisch-katholische Kirche verlieren immer mehr Mitglieder, weil die Kirchen dem Sittenverfall nichts entgegensetzen. Weil diese Kirchen immer mehr Mitglieder verlieren, passen sie sich zunehmend dem Zeitgeist an, indem sie Prinzipien des Glaubens und ihrer Lehre aufgeben. Als Ergebnis dieser Anpassung mutieren sie im Wesentlichen zu Traditionsvereinen mit Service für Taufe, Trauung von Ehepartnern und für Beerdigung. Sie verlieren immer mehr an Anziehungskraft und an Einfluss, je mehr sie dem Zeitgeist folgen, wie es von ihnen in Form von Reformen verlangt wird. Die Lehre des Religionsgründers Jesus von Nazareth mit den Kernpunkten Nächstenliebe, Feindesliebe, Gewaltlosigkeit, Frieden und Gerechtigkeit gerät immer mehr in Vergessenheit.

Dem Kapitalismus ist es gelungen, das Christentum in den westlichen Ländern bis zur Bedeutungslosigkeit zu zerkrümeln.

Im Gegensatz zum Christentum übt der Islam mit seinen seit Jahrhunderten unveränderten Glaubensformeln eine zunehmende Anziehungskraft aus, weshalb junge Christen zum Islam konvertieren. Der Islam vermittelt seinen Gläubigen Sinn, Halt und Struktur in ihrem Leben durch fünfmal Beten am Tag, durch Moschee-Besuch an jedem Freitag und durch den jährlichen Fastenmonat Ramadan. Gegen die starke Religion des Islam ist der Kapitalismus machtlos.

Auch die Achtung älterer Menschen, denen die jetzige Jugend ihren Wohlstand verdankt, lässt leider immer mehr nach. Die „Alten" werden eher als Belastung betrachtet. Die von der Regierung als Schließung der Gerechtigkeitslücke eingeführte Mütterrente für

Mütter, deren Kinder vor 1992 geboren wurden, wird als wirtschaftlicher Fehler angeprangert. Mütter mit ab 1993 geborenen Kindern erhielten diese Rente schon seit vielen Jahren, ohne diese als wirtschaftlichen Fehler zu betrachten. Kapitalismus kennt keine Gerechtigkeit, wenn die Profiteure von ihrem ungerechten „Besitzstand" etwas verlieren könnten.

Die von der Politik und den Medien propagierte Verweltlichung mit Konzentration auf Sport als Ersatz-Religion, sowie auf Beruf und Freizeitvergnügen verdrängen den christlichen Glauben. Bei der Verweltlichung spielen auch die unsoziale Unternehmensführung, Egoismus in allen Schichten der Gesellschaft und der Konkurrenzkampf eine wichtige Rolle. Der christliche Glaube an Gott wird eher als eine Form des Aberglaubens angesehen, weil die Welt durch die Naturwissenschaften erklärt wird.

Zum Teil wird eine Religion ohne Gott und ohne Jenseits verlangt. Es wird oft postuliert, dass wir keine Religion mehr brauchen, da wir mit Gesetzen auf der Basis der Wissenschaften das Leben aller Menschen regeln können.

Vielen Menschen ist das Vertrauen in Beziehungen und Begegnungen mit anderen Menschen und in Zusagen von anderen Menschen verloren gegangen. Wir erleben, dass Menschen sich nicht an ihre mündlichen Versprechen halten, oft nicht einmal an schriftliche Versprechen.

Zunehmend mehr junge Menschen wollen sich nicht an einen Partner binden. Sie wollen keine Verantwortung für eine Ehe und für eine Familie übernehmen. Sie wollen aus egoistischen Gründen ihre Freiheit behalten, sich vom Partner leicht trennen zu können.

Sittenlosigkeit ist in der Gesellschaft weit verbreitet. Die Liberalität kennt keine Grenzen, soweit es die Zurschaustellung nackter Körper und des Beischlafs betrifft. Sitte und Anstand spielen keine Rolle mehr. Diese Freiheit zur Sittenlosigkeit ist einer der Kernpunkte unserer westlichen Werte. Deshalb radikalisieren sich Muslime, weil sie – wie Bin Laden – diese Sittenlosigkeit ablehnen.

Homosexualität wird kultisch verehrt und propagiert, obwohl es sich um eine unnatürliche sexuelle Verhaltensweise handelt, bei der

Menschen ihre unnatürlichen Gefühle nicht unter Kontrolle bringen können. Ähnlich ist es ja bei Pädophilen, nur geht von dieser Gruppe eine Gefahr für Kinder aus. Homosexualität sollte als nicht kontrollierbare unnatürliche Verhaltensweise toleriert werden, aber diese unnatürliche Verhaltensweise muss nicht in Gesetzen als „natürlich" bezeichnet und mit Ehevertrag oder Partnerschaftsvertrag und mit Adoptionsrecht der biologisch natürlichen Ehe gleichgestellt werden.

Die Prostitution breitet sich weiter aus. Man spricht jetzt von Sex-Arbeiterinnen, statt von Prostituierten. Soviel Kinder-Pornographie wie derzeit, hat es früher nicht gegeben.

Frühere Tugenden, wie Treue, Vertrauen zu anderen Menschen, Ehrlichkeit, Freundlichkeit, Toleranz, Achtung anderer und Respektierung anderer Ansichten sind weitgehend verloren gegangen.

Jean-Claude Juncker, der neue Präsident der EU-Kommission, verkündete als Leiter der Euro-Gruppe, dass auch die Lüge manchmal notwendig sei! Also brauchen wir auch keine Ehrlichkeit mehr.

Lüge und Unwahrheit in der Werbung werden vom Staat geduldet.

Jetzt gibt es sogar eine staatlich geduldete oder sogar geförderte Unehrlichkeit bei der Vergabe von Schulnoten. Trotz Schulabschluss und guter Schulnoten fehlen vielen Schülern notwendige Fähigkeit für Rechnen und Lesen mit Verständnis des Gelesenen.

Lug und Trug sind offenbar in kapitalistischen Gesellschaften üblich. Man denke nur an den Betrug der Anleger mit Subprimes, der zur Finanzkrise 2008 führte. Man denke an die Manipulation des Libor-Zinssatzes durch Banken, ebenso wohl auch bei Devisenkursen. Es zählt nur die eigene Bereicherung zu Lasten anderer.

Diffamierung anderer, Verleumdungen, Hass, Neid, Missgunst und Gewalt nehmen ständig zu.

Zu beklagen ist auch eine zunehmende Rücksichtslosigkeit gegenüber Mitmenschen, zu beobachten bei der Verursachung von Lärm, beim Parken von Autos, von Radfahrern gegenüber Fußgängern usw..

Unter Mobbing leiden Schüler/innen in Schulen und Beschäftigte in den Wirtschaftsbetrieben.

Gewalt entlädt sich bei Fußballspielen beim Aufeinandertreffen von gegnerischen Fangruppen. Die Gewalt dieser Gruppen kann nur mit großem Polizeiaufgebot verhindert oder gestoppt werden. Auch das kennzeichnet unser Wertesystem.

Gruppen sogenannter Autonomen von links und rechts liefern sich jährlich Schlägereien gegeneinander und gegen die Polizei in Hamburg, Hannover und Berlin. Sie richten an den Geschäften große Schäden an.

Die Kriminalität in Form von Einbrüchen und Körperverletzungen nimmt zu, auch bei Vergewaltigungen, die zunehmend nicht mehr angezeigt werden.

Unsere Gesellschaft duldet eine moralisch verkommene politische Unkultur. Die Politiker etablierter Parteien neigen dazu, sich mit dem politischen Gegner nicht mit sachlichen Argumenten auseinander zu setzen. Sie setzen tendenziell mit Hilfe der Medien die politischen Gegner in ihrer Würde herab, bestreiten ihre Seriosität, verunglimpfen sie, verbreiten bewusst Unwahrheiten über sie, verleumden sie. So fördern sie tendenziell eher ein Klima des Hasses und der Zwietracht, der Feindseligkeit und des Unfriedens. Politiker, die sich dieser unethischen Mittel bedienen, merken nicht oder nehmen es in Kauf, dass sie damit auch Lüge, Hass, Zwietracht, Feindseligkeit in die Gesellschaft säen. Viele Menschen nehmen sich schließlich Politiker mit diesem Verhalten zum Vorbild und halten es für gerechtfertigt, ebenso zu handeln.

Große Unternehmen beuten ihre Zulieferer aus, pressen die niedrigsten Preise aus ihnen heraus. Am Ende bezahlen sie die Rechnungen erst nach 120 bis 150 Tagen. Aber auch die Kommunen haben sich zum Teil nicht anständiger verhalten. Weil sie ihre Rechnungen nicht fristgerecht bezahlten, sind viele kleine Betriebe pleite gegangen.

Viele Unternehmen bilden Preiskartelle, um von den Kunden überhöhte Preise abzuschöpfen. Genau genommen ist das Betrug, Diebstahl an den Kunden. Vom Kartellamt werden die Unternehmen, deren Kartell aufgedeckt wurde, mit Strafen in Höhe vieler Millionen belegt. Aber die Verantwortlichen in den Unternehmen werden nicht bestraft, als handle es sich um ein Kavaliersdelikt oder als ginge es um ein Katz- und Maus-Spiel zwischen Kartell-Unternehmen und Kartellamt. Die Geldstrafen, die ihnen eventuell auferlegt werden, zahlt ihre Manager-Versicherung.

Unternehmen entlassen Mitarbeiter trotz hoher Gewinne, um die Gewinne zu steigern.

Dieser Staat duldet es, dass sich die Topmanager von Banken und großen Wirtschaftsunternehmen in einer Art von Selbstbedienung hohe Einkommen mit höchsten Pensionen sichern. Die Aufsichtsräte wirken bei dieser Selbstbedienung mit, weil sie ebenfalls mit hohen Vergütungen belohnt werden.

Was wertvoll ist, wird vielfach nur noch mit Geld beziffert, so schrieb kürzlich Brigitte-Woman.

Zuletzt sollte nicht vergessen werden, dass einer der wichtigen westlichen Werte, auf die wir nicht besonders stolz sein können, die Korruption ist. Sie ist besonders in Griechenland, Italien, Rumänien, Bulgarien und Kroatien verbreitet. Die FAZ-Online schreibt am 21.10.2014, dass sich die politische Klasse in Spanien schamlos bereichert habe und dass sich die Parteien gegenseitig die Schuld zuschieben. Auch Deutschland ist nicht ohne Korruption.

Westliches Wertesystem

Die westlichen Staaten sind stolz auf ihr Werte-System, das sie für überlegen halten im Vergleich zu anderen Regierungsformen.

Auf welchen Werten beruht dieses Werte-System? Sind es die moralisch-ethischen Werte, die rein theoretisch bei uns gelten sollten und deren Verfall und Auflösung wir nicht wahrnehmen wollen?

Ist es die Demokratie mit freien Wahlen, die im Prinzip nur eine Schein-Demokratie ist?

Ist es die Meinungsfreiheit für diejenigen, die gleicher Meinung sind wie die Mehrheit und die damit einverstanden sind, dass Andersdenkende ausgegrenzt werden?

Ist es die weitgehende Gleichschaltung aller Medien im Sinne des vermutlich von der Regierung geförderten Mainstreams, als halbwegs freiwillige und selbst auferlegte Pressezensur, um nicht negativ aufzufallen? Ist es die Pressefreiheit, alles veröffentlichen zu können, auch wenn es die Unwahrheit ist, sofern es nicht gegen die Verfassung verstößt und keine rechtsradikalen oder nationalsozialistischen oder rassistischen oder volksverhetzenden Inhalte enthält und nicht den Holocaust leugnet?

Ist es die Überwachung von Telefon, E-Mails, Briefverkehr, Äußerungen im Internet und auch in Social Media durch den amerikanischen NSA, unseren BND und den Verfassungsschutz?

Ist es die Reisefreiheit in andere Länder, sofern der Reisende nicht als dem Terrorismus nahe stehend verdächtigt wird oder allgemein auf einer Watch-List steht?

Ist es die Bevorzugung der Kinder aus höheren sozialen Schichten bei der Bildung und Karriere?

Ist es das Recht auf Privateigentum an den Produktionsmitteln und an Banken?

Ist es die ungleiche Vermögensverteilung, bei der weniger als 10 Prozent der jeweiligen Bevölkerung 90 Prozent aller Vermögenswerte als Eigentum haben?

Sind es die vielen „Tafeln", von denen die Armen mit abgelaufenen Lebensmitteln versorgt werden müssen? Sind es die vielen Obdachlosen, die aufgrund von Job-Verlust, Scheidung, Überschuldung und ähnlichem nicht mehr in ein geordnetes Leben zurückfinden?

Ist es das Prinzip, dass in der EU Verträge jederzeit gebrochen werden können, wie Maastricht mit No-Bail-Out, Dublin-Vertrag zur Flüchtlingspolitik oder auch der EZB-Vertrag?

Was macht das Werte-System der kapitalistischen Länder um soviel besser gegenüber anderen Gesellschafts- und Regierungssystemen?

Sozialismus

Meine Beschreibung des Sozialismus ist keine wissenschaftliche Analyse. Mir geht es auch nicht um Faktentreue. Ich berichte nur auf der Basis der Informationen, die ich als Zeitzeuge erhalten hatte und die mir noch in Erinnerung sind. Dabei beschränke ich mich auf die Elemente des Sozialismus, die mir persönlich im Vergleich mit dem Kapitalismus wichtig erscheinen.

Sozialismus in der DDR

Wenn wir Deutsche an Sozialismus denken, meinen wir immer die Demokratische Deutsche Republik (DDR), die aus der Teilung Deutschlands resultierte. Die DDR existierte von 1949 bis 1990.

Im Prinzip sollte die DDR eine Art Kopie des kommunistischen Systems der Union der Sozialistischen Sowjet-Republiken (UdSSR) sein.

Das Wesen des Sozialismus ist, dass alle Produktionsmittel vergesellschaftet sind. Das betrifft Industrie, Landwirtschaft, Handel und Banken. So war es auch in der DDR. Nach 1972 existierte aber noch eine kleine Privatwirtschaft, beschränkt jedoch auf kleine Handwerksbetriebe. Die Produktion und Verteilung von Lebensmitteln und Konsumgütern erfolgte auf der Basis von zentral aufgestellten Fünfjahresplänen. Preise und Angebotsmengen unterlagen staatlichen Vorgaben. Es gab keine freie Preisbildung, die das Verhältnis von Angebot und Nachfrage hätte lenken können.

Diese Zentralverwaltungswirtschaft war das Grundübel des Sozialismus. Um Ressourcenverschwendung zu vermeiden, sollte keine Überproduktion im Verhältnis zum prognostizierten Bedarf entstehen. Damit wurde jedoch schon vom Ansatz her eine Mangelwirtschaft konzipiert.

Wurde für jeden Bürger nur ein Regenmantel geplant, so konnte ein Teil der Bürger keinen Regenmantel kaufen, wenn vorher andere

Bürger aus Sorge vor späterem Mangel oder auch wegen der Sorge eines frühzeitigen Verschleißes statt zurzeit nur einem benötigten Regenmantel deren zwei gekauft hatten. Es hätte also einer Rücksichtnahme auf den Bedarf anderer Mitbürger bedurft, damit das System der zentralen Produktions- und Vertriebsplanung hätte funktionieren können. Ich erinnere mich, dass es in der DDR aber zu viele Regenmäntel gab, stattdessen aber einen Mangel an Toilettenpapier.

In der UdSSR bestand das Ziel, einen kommunistischen Menschen heranzuziehen, der quasi im Sinne der christlichen Religion in seinem Leben in der Gemeinschaft aufgeht, der rücksichtsvoll und uneigennützig hilfreich mit anderen Bürgern umgeht. Der christlichen Religion traute der Staat nicht über den Weg, zumal im Staatsgebiet sich auch Muslime zur Religion des Islam bekannten.

Deshalb wurde in der UdSSR die Religionsausübung untersagt, aber doch teilweise geduldet. Es wurde eine weitgehende Gleichheit der Lebensbedingungen angestrebt. Die Menschen sollten sozial und wirtschaftlich unter gleichen Verhältnissen leben können. So wohnte damals der mächtigste Mann der UdSSR, der Generalsekretär des Zentralkomitees, in einer 6-Zimmer-Wohnung in einem Wohnblock in Moskau. Seinen Urlaub konnte er natürlich in einer Ferien-Datsche verbringen.

Gleichheit der Lebensverhältnisse

Die Verfassung der DDR garantierte Religionsfreiheit, aber letztlich wurde die Religionsausübung doch erschwert. Fühlten sich 1949 noch 90 Prozent aller Bürger an eine der beiden Konfessionen gebunden, so waren es in 1990 nur noch 30 Prozent. 70 Prozent waren konfessionslos.

Auch für die DDR-Führung war die Gleichheit der sozialen und wirtschaftlichen Lebensbedingungen ein wichtiges Ziel. Im Vergleich zur Wirtschaftsentwicklung in Westdeutschland, der Bundesrepublik Deutschland (BRD), hatte es die DDR deutlich schwerer. Sie litt unter der Demontage ihrer Industrieanlagen durch die UdSSR als Reparationen, ähnlich wie in Westdeutschland durch die Besatzungsmächte. Aber sie konnte von keinem Marshallplan Gebrauch machen. Die wirtschaftliche Entwicklung der DDR vollzog sich dadurch langsamer als in Westdeutschland.

In den ersten Jahren nach Gründung der BRD war dort noch die Arbeitslosigkeit hoch. In der DDR gab es keine Arbeitslosigkeit, weil der Staat für Arbeitsplatzsicherheit sorgte. Die DDR übte so anfangs eine gewisse Anziehungskraft auf die Bürger in der BRD aus. Die Bürger in der DDR hielten anfangs ihr Regierungs- und Wirtschaftssystem für das überlegene System gegenüber dem Kapitalismus.

Die Einkommen in der DDR waren niedriger als in Westdeutschland. Das wurde aber kompensiert durch Verbilligung der Grundnahrungsmittel und durch billige Wohnungsmieten.

Die DDR verstand sich als Arbeiter- und Bauern-Staat. Arbeiter und Bauern wurden bei der Einkommenszumessung und beim Zugang zu Universitäten bevorzugt. Ein Arbeiter verdiente z.B. mehr als ein Arzt, was seine Begründung darin fand, dass die Gesellschaft dem Arzt sein Studium bezahlt habe.

Es gab natürlich differenzierte Einkommen, aber die Einkommensspreizung war gering im Vergleich mit dem Kapitalismus bzw. in Westdeutschland. Auch ein Staatsratsvorsitzender, wie z.B. Erich Honecker, wohnte recht bescheiden.

Die niedrige Produktivität

Das Hauptproblem des sozialistischen Staats der DDR war die im Vergleich mit kapitalistischen Staaten niedrige Wirtschaftsleistung aufgrund niedriger Produktivität. Wenn man als Ziel die soziale und wirtschaftliche Gleichheit der Menschen in einem sozialistischen Staat hat, kann man die Produktivität und den Wohlstand kapitalistischer Länder nicht erreichen.

Ein einfaches Beispiel soll das verdeutlichen. Ein sozialistischer Betrieb beschäftigt für die Herstellung von Waschmaschinen anfangs 2.000 Arbeiter. Diese Anzahl von Arbeitern reicht aus, um die zentral geplante Stückzahl Waschmaschinen im Jahr zu produzieren.

Im Verlaufe von 2 bis 3 Jahren werden jedoch diesem Betrieb weitere 300 Arbeiter zugewiesen, als Schulabgänger oder auch aus anderen Betrieben, deren Tätigkeit eingestellt wurde. Wollte der Betriebsleiter effizient produzieren, also zu geringsten Kosten, hätte er seine Produktivität jährlich um ca. 4-5 Prozent erhöhen müssen. Er hätte also jährlich zwischen 80 bis 120 Arbeiter weniger benötigt, um die gleiche Stückzahl von Waschmaschinen herzustellen. In 5 Jahren hätte also die Jahresmenge an Waschmaschinen mit 1.500 Arbeitern produziert werden können.

Nun hatte vielleicht die Planungsbehörde in ihrem Fünfjahresplan am Anfang des 5. Jahres von dem Betrieb 10 Prozent mehr Waschmaschinen verlangt, wofür man effektiv nur rd. 1.650 Arbeiter benötigt hätte. Tatsächlich hatte der Betrieb jedoch 2.300 Arbeiter, die er irgendwie beschäftigen und bezahlen musste. Welchen Sinn hätte es gemacht, wenn der Betriebsleiter die effizientesten Produktionsmethoden eingesetzt hätte? Was hätte er mit den Arbeitern gemacht, die er nicht beschäftigen konnte? Er konnte auch von sich aus nicht die Produktionsmenge erhöhen, weil jene Zulieferer, welche die Pumpen, die Trommel usw. herstellen, an die Mengen gebunden waren, die ihnen der Fünfjahresplan vorschrieb. Diese Zulieferer konnten von sich aus nicht ihre Mengen erhöhen, weil auch ihre Vorlieferanten für Rohmaterialen und anderes aufgrund ihrer Bindung an den Fünfjahresplan nicht zusätzliche Ware liefern konnten.

Das Beispiel zeigt, wie unflexibel eine Zentralverwaltungswirtschaft ist. Die Wirtschaft der DDR scheiterte an dieser Inflexibilität, aber nicht allein daran. Sie scheiterte auch an der Beschäftigungsgarantie und Arbeitsplatzsicherheit für alle Arbeitnehmer. Eine hohe Arbeitsproduktivität war damit nicht zu erreichen. Der Versuch, die Normen für die Arbeitsleistung drastisch zu erhöhen, scheiterte am Aufstand der Arbeiter. Aber der Versuch war auch unsinnig. Allein mit höheren Leistungsanforderungen war der Rückstand gegenüber dem Kapitalismus in Bezug auf die Produktivität nicht zu lösen. Gleiches galt für die Prämiensysteme.

In der DDR mussten Bürger zum Teil 15 Jahre warten, um einen Trabant, das kleine Auto mit Zweitaktmotor, kaufen zu können. Das etwas größere Auto „Wartburg" war wohl eher den Funktionären vorbehalten. Diese Autos konnten in keiner Weise mit den in der BRD hergestellten technisch hochwertigeren Autos konkurrieren, die man bekanntlich in kurzer Zeit geliefert bekam und die ein besseres Platzangebot hatten.

Die Betriebe in der DDR beschäftigten zu viele Arbeitnehmer im Verhältnis zum geringen Produktionsausstoß. Damit waren sie im Export nicht wettbewerbsfähig. Betriebe, die ihre Produkte exportierten, um für den Staat Devisen zu erlösen, mussten in der Regel unter ihren tatsächlichen Kosten verkaufen.

Bananen waren in den staatlichen HO-Läden selten zu kaufen. Wenn Bananen eingetroffen und für den Verkauf zur Verfügung standen, gab es in den Betrieben eine Durchsage. Die Produktionshallen und Büros leerten sich während der Arbeitszeit, weil alle zum nächsten HO-Laden liefen, sich dort anstellten, um Bananen kaufen zu können.

Bekannt ist auch, dass geflüchtete DDR-Bürger, wenn sie Arbeit in Westdeutschland gefunden hatten, erstaunt waren, dass es bei der Anlieferung der Vorprodukte keine Unterbrechung gab. Maurer aus der DDR konnten es nicht fassen, dass sie keine Arbeitsunterbrechungen hatten wegen fehlender Backsteine oder Ziegelsteine. Sie waren es vielfach nicht gewöhnt, hart zu arbeiten.

Auch als sich nach einigen Jahren herausstellte, dass die Wirtschaft der DDR nicht mithalten konnte mit der BRD bei der Versorgung mit Nahrungsmitteln und gehobenen Konsumgütern, behauptete die Propaganda des DDR-Staats immer noch, dass die DDR die BRD einholen und überholen würde. Viele Menschen glaubten das. Deshalb waren sie auch lange Zeit zufrieden mit den Mängeln ihrer Wirtschaft und mit den bescheidenen Lebensverhältnissen, die ihnen damit auferlegt wurden. Ihre Arbeitsplatzsicherheit hatte auch einen hohen Stellenwert für die meisten.

Aber die Wahrheit in Bezug auf die Wirtschaftsleistung ihres Sozialismus im Vergleich mit der sozialen Marktwirtschaft in der BRD wurde mit der Zeit der Jahre immer bitterer. Der DDR-Staat häufte immer mehr Schulden an, um seinen Bürgern einen einigermaßen akzeptablen Lebensstandard zu bieten.

Wegen der geringen Exporterlöse fehlte es zunehmend an Devisen, um Südfrüchte, Kaffee und Kakao für Schokolade auf dem Weltmarkt kaufen zu können. Viele Bürger in der DDR hatten Verwandte im Westen (BRD). Meine Mutter, meine Frau und meine Schwiegermutter, wie eine Vielzahl anderer Bürger der Bundesrepublik, schickten regelmäßig Pakete zu den Verwandten in der DDR mit gutem Kaffee und guter Schokolade. Die Pakete enthielten auch nicht mehr benötigte Kleidungsstücke, die in der DDR sehr begehrt waren. Zum Teil wurden sie von befreundeten Schneidern umgearbeitet, um sie passend zu machen. Die Geschenke aus dem Westen waren auch ein begehrtes Tauschmittel, um Handwerkerleistungen oder andere Waren zu erhalten. Ohne diese hilfreichen Pakete wäre die DDR schon früher pleite gewesen.

Wir sind geneigt, auf den DDR-Staat herablassend zu schauen, weil er zuletzt pleite war. Dabei vergessen wir, dass im Prinzip alle westlichen Staaten eine hohe Verschuldung haben. Sie wären genauso pleite wie die DDR, wenn nicht viele Investoren Vertrauen in die Verzinsung und Tilgung der Staatsanleihen hätten, die sie kaufen. Die DDR hatte offenbar diese Finanzierungsmöglichkeit nicht.

Persönliche Sicherheit

In Bezug auf Kriminalität hatte die DDR deutliche Vorteile gegenüber der BRD. Im Sozialismus der DDR gab es offenbar keine organisierte Kriminalität und insbesondere keine Drogendelikte und so auch keine dafür verurteilten Gefängnisinsassen. Der Leistungsdruck in der DDR war nicht so groß, dass die Menschen damit nicht ohne Drogen fertig wurden.

Auch dürfte es kaum Verurteilungen aufgrund von Diebstahl, Einbrüchen oder Raubüberfällen gegeben haben. Jeder Bürger besaß nur wenig von dem, was ein anderer nicht hatte. Es lohnte sich nicht, Diebstähle, Einbrüche oder Raubüberfälle zu begehen, auch keine Entführungen. Wenn alle Menschen in etwa das Gleiche haben, machten diese Kriminaldelikte keinen Sinn.

Vergleicht man gar die damalige persönliche Sicherheit der DDR-Bürger mit der Situation im wiedervereinigten Deutschland, so steht die DDR besser da als die jetzige Bundesrepublik. Die Laissez-Faire-Regierungen der Bundesrepublik haben eine beängstigend hohe organisierte Kriminalität zugelassen sowie hilflos die Bildung von Parallelgesellschaften mit eigener Migranten-Justiz, von No-Go-Zonen, von zunehmenden Körperverletzungen von Bürgern durch Täter mit Migranten-Hintergrund und neuerdings noch die Tätigkeit von vielen osteuropäischen Einbrecherbanden. In der BRD wird die persönliche Sicherheit der Bürger immer mehr bedroht. Verglichen mit der persönlichen Sicherheit in der DDR könnte einem die DDR als eine „Insel der Seligen" erscheinen. Ein Bürger der DDR durfte nur nicht ins Fadenkreuz der Staatssicherheit geraten.

Wir Kritiker der DDR sind geneigt, immer nur auf die Nachteile der DDR zu schauen, insbesondere auf die niedrige Versorgungsqualität mit gehobenen Nahrungsmitteln und gehobenen Konsumgütern. Für die Bürger hatte nicht nur die soziale Sicherheit einen hohen Stellenwert, sondern auch die persönliche Sicherheit.

Ich habe keine persönliche Erfahrung mit dieser persönlichen Sicherheit in der DDR. Aber Ende der 70iger Jahre konnte ich mit Kollegen noch nachts um ein Uhr in Moskau den Roten Platz überqueren, ohne Sorge vor einem Raubüberfall, wo wir nur zwei verschlafen wirkenden Rotarmisten begegneten. Das war offenbar typisch für sozialistische Staaten. Heute ist eine ähnliche persönliche Sicherheit im kapitalistisch angepassten Moskau wohl kaum noch denkbar.

Trotz aller Mängel und der Kritik an der Staatsführung und seiner Organe war die überwiegende Mehrheit der DDR-Bürger mit ihrem Leben weitgehend zufrieden. Kennzeichnend ist vielleicht das folgende Beispiel.

In 2014, während der Feiern zum 24-jährigen Mauerfall vor der Wiedervereinigung befragte das Fernsehen drei in der DDR geborene Bürger, die jetzt in Westdeutschland arbeiteten oder inzwischen wieder in Ostdeutschland für ein westdeutsches Unternehmen. Sie hatten in 1989 Abitur gemacht. Es gab damals für sie keine derartige soziale Unsicherheit, wie sie heute für Abiturienten in Deutschland gegeben ist. Diese drei ostdeutschen Abiturienten betonten, dass sie in 1989 mit der Ablegung des Abiturs ihren Studienplatz hatten und dass sie wussten, dass ihnen nach dem Studium ein Job sicher war. Ihre Zukunft war sicher und planbar.

Vor der Wende saß ich in einem von Konstanz kommenden Eisenbahnzug einem Chefarzt aus der DDR gegenüber. Er kam von einem Mediziner-Kongress. Wir unterhielten uns über die Lebensverhältnisse in der DDR. Er sagte, er sei mit seinem privaten Leben voll zufrieden. Er hatte offenbar ein Eigenheim, hatte einen Kühlschrank, eine Waschmaschine und einen Geschirrspüler und ein Auto. Er hatte alles, was sein privates Leben angenehm machte. Er ließ in dem Gespräch durchblicken, dass er offenbar mit medizinischen Tauschleistungen die Haushaltsgeräte früher erhielt, als sie ihm von der Wartezeit her zustanden. Er war insgesamt mit seinen Lebensverhältnissen zufrieden und klagte auch nicht über die üblichen Reisebeschränkungen.

Das Problem mit der Arbeitsmotivation

Der Sozialismus der DDR scheiterte nicht allein an seinem Problem der unflexiblen Zentralverwaltungswirtschaft und der Vollbeschäftigungsgarantie. Manches dieser Probleme hätte man lösen können. Der Sozialismus scheiterte letztlich am Egoismus und Streben des Menschen bzw. vieler Menschen.

Die Menschen unterscheiden sich unter anderem in Bezug auf das, was sie im Leben antreibt. Viele Menschen wollen in ihrem Leben etwas bewirken. Sie setzen sich Ziele, die sie erreichen wollen. Sie wollen für sich oder auch für andere Menschen etwas zustande bringen. Sie wollen an ihrem Arbeitsplatz für ihr Unternehmen, für die darin arbeitenden Menschen, für die Kunden, etwas Positives bewirken. Sie wollen eine Familie haben und für ihre Kinder da sein.

Dann gibt es auch Menschen, die allein für sich alles wollen, von Egoismus und Gier angetrieben, um reich zu werden. Es gibt auch Neid als Antriebskraft.

Im Gegensatz dazu gibt es Menschen, die möglichst ohne Anstrengung durch das Leben gehen wollen, die es sich auf Kosten anderer gut ergehen lassen wollen, denen es in erster Linie nur um ihren eigenen Vorteil geht und sei dieser noch so klein.

Die DDR hatte das Problem, dass aufgrund von Überbeständen an Personal nicht alle Arbeitnehmer durchgehend produktiv beschäftigt werden konnten. Dann wurde halt die Arbeit gestreckt, man ließ es ruhig angehen. Hinzu kamen ungeplante Unterbrechungen der Arbeit, weil das Vormaterial nicht pünktlich angeliefert wurde. So entstand mit der Zeit eine Art Schlendrian, den man für ganz normal hielt, der wohl auch kaum vermeidbar schien.

Der Sozialismus als System hat viel mehr Schwierigkeiten, mit den unterschiedlichen Zielen, Wünschen, Regungen und Neigungen der Menschen fertigzuwerden als der Kapitalismus. In den USA fallen lernunwillige und faule Menschen in bitterste Armut. Sie werden vor dem blanken Verhungern geschützt durch Essensmarken und Suppenküchen.

In den europäischen kapitalistischen Ländern werden diese Lern- und Arbeitsverweigerer sozial besser abgefedert. Sie haben z.B. in Deutschland einen Anspruch auf ein menschenwürdiges Leben, das ihnen durch Sozialleistungen nach Hartz IV gewährt wird. Viele dieser Empfänger von Hartz IV mit 3 bis 4 Kindern sind sogar finanziell besser gestellt als Arbeitnehmer, die nur den Niedriglohn oder Mindestlohn erhalten.

Die finanziell gute Versorgung für die Arbeitsverweigerer in europäischen Staaten ist möglich, weil die kapitalistische Wirtschaft viel produktiver ist, als es im Sozialismus war oder auch sein kann.

Welchen Schaden eine schlechte Arbeitsmoral anrichten kann, hatte ich als Geschäftsführer eines mittelständischen Unternehmens mit rd. 500 Mitarbeitern erlebt, das zu sanieren war. Es gehörte der Witwe des Gründers und ihren untereinander zerstrittenen Kindern. Ich löste als Allein-Geschäftsführer eine der Parteien, bestehend aus dem Sohn und einem Schwiegersohn ab.

Bei meinem morgendlichen Rundgang durch die Produktionshallen um 9 Uhr fand ich einen Arbeiter schlafend an seiner Maschine vor. Ich stauchte ihn zusammen. Bei einem zweiten Rundgang um 11 Uhr fand ich denselben Arbeiter erneut schlafend an seiner Maschine vor. Er wurde entlassen. Auch einige andere Mitarbeiter drückten sich vor zuviel Arbeit.

Die Belegschaft war mit dem Sanierungskurs nicht einverstanden, weil nun einige Privilegien gestrichen wurden. Ich erlebte einiges an Sabotage. Bei einem neuen Produkt verschwanden über Nacht die mit hohen Kosten erstellten Teile eines Prototyps. Ein anderes neues Produkt, mit einem Berater entwickelt, mit sehr guten Marktchancen, wurde sogar von einem sorgfältig ausgesuchten Team sabotiert, indem zweimal hintereinander Schweißstellen an verzinktem Stahl schlecht gegen Rost geschützt wurden. Offenbar wollten der Verkauf und die Konstruktionsabteilung dieses neue Produkt nicht, nach dem Motto „haben wir bisher noch nicht gemacht" und „not invented here". Um sie zufriedenzustellen, boten wir auch die bisherige Alu-Konstruktion an, die später bei Tests durchfiel. Der Konstruktionsleiter machte vor Kunden das neue Produkt aus verzinktem Stahl schlecht, das alle Prüfungen besser bestanden hatte, als die Alu-Behälter. Er wurde von mir entlassen. Ich hatte jedoch nicht den Mut, auch den Verkaufsleiter, ein Ziehkind des verstorbenen Gründers der Firma, zu feuern. Ich hatte dann die Firma verlassen, weil ich wohl zum harten Sanierer zu wenig geeignet war. Wenige Jahre später war die Firma trotz des Wirkens anderer Sanierer pleite. Die Belegschaft des Unternehmens war über viele Jahre hin auf Schlendrian „fehlprogrammiert" worden. Eine Sanierung war mit dieser Belegschaft und gegen deren Willen nicht möglich.

Aufgrund meiner Erfahrungen kann ich nachvollziehen, dass es Betriebsleiter in DDR-Betrieben nicht einfach hatten.

Der nicht so produktive Sozialismus hat mit seiner Anzahl an Lernunwilligen und an einer hohen Arbeitsleistung wenig interessierten Bürgern ein großes Problem. In 1989 betrug die Produktivität der Betriebe in der DDR nur 30 Prozent der Produktivität in der BRD. Obwohl die DDR-Betriebe trotz der Flüchtlingswelle eine Überbelegung an Personal hatten, wurden von der DDR-Führung noch vietnamesische Vertragsarbeiter angeworben. Vermutlich hatten die Betriebsleiter der Staatsführung ein falsches Bild von ihrem Personalbedarf vermittelt.

Das Scheitern der DDR

Der Sozialismus in der DDR hatte mit seiner Mangelwirtschaft das unüberwindliche Problem, beim Überschreiten der Grenze zur BRD mit der Überflusswirtschaft und dem Wohlstand der Bürger in der BRD konfrontiert zu sein.

Es verließen immer mehr Menschen die DDR, um in Westdeutschland zu arbeiten. Sie wollten einen höheren Wohlstand haben, auch mehr Freiheit bei der Gestaltung ihrer Lebensführung. Sie beanspruchten Pressefreiheit und Meinungsfreiheit sowie Reisefreiheit. Die DDR-Bürger konnten in allen sozialistischen Staaten Osteuropas Urlaub machen, jedoch nicht in westlichen Ländern. Mit ihrer DDR-Mark waren sie in Hotels der sozialistischen Länder, wie z.B. in Bulgarien und Ungarn usw., nicht so beliebt wie Urlauber aus Westdeutschland mit der begehrten DM als Deviseneinnahme. Sie fühlten sich dadurch abgewertet gegenüber den Westdeutschen.

Die Konfrontation der DDR mit der Überflusswirtschaft und den größeren Freiheiten in Westdeutschland wurde von der DDR-Staatsführung als großes Problem angesehen. Es waren ja nicht die arbeitsunwilligen oder weniger begabten oder weniger ausgebildeten Arbeitnehmer, welche die DDR verließen. Es waren große Teile der sogenannten „Intelligenz". Sie hatten gehört, dass in Westdeutschland (BRD) von Chefärzten, Vorständen von Unternehmen, Geschäftsführern, Hauptabteilungsleitern und Abteilungsleitern wesentlich höhere Einkommen erzielt wurden, als bei vergleichbaren Positionen in der DDR.

Wenn ein leitender Arzt in der DDR auf medizinischen Kongressen mit Chefarzt-Kollegen zusammentraf, die mit großem Mercedes angereist waren und in besten Hotels wohnten, konnte logischerweise Neid aufkommen. In den 70iger Jahren konnten westdeutsche Chefärzte bei Neuverhandlung ihrer Verträge mit einem Einkommen von etwa 1 Million DM rechnen. So etwas sprach sich auch in der DDR herum.

Aber auch Betriebsleiter und andere Führungskräfte in der DDR fühlten sich im Vergleich zu ihren Kollegen in der BRD unterbezahlt. Da kam leicht der Wunsch auf, in den Westen zu gehen.

Die Wanderung vieler Intelligenzler nach Westdeutschland brachte die Wirtschaft der DDR in Gefahr. Aber auch Facharbeiter flüchteten in den für sie „goldenen Westen".

Bereits 1952 war das Gebiet der DDR zu Westdeutschland hin abgeriegelt. Dennoch waren jährlich Hunderttausende DDR-Bürger in den Wesen geflüchtet. Mit dem Mauerbau in Berlin in 1961 schloss die DDR die letzten Schlupflöcher.

Der Wirtschaft der DDR ging es durch die Abschottung letztlich nicht besser. Die Betriebe hatten weiterhin zu viele Mitarbeiter an Bord, was teilweise die geringe Produktivität dieser Betriebe erklärt. Ursache der niedrigen Produktivität war zusätzlich noch die niedrige Arbeitsmotivation der Beschäftigten. Sie mussten sich nicht anstrengen, eine hohe Leistung zu erbringen, weil sie eine Beschäftigungsgarantie hatten. Außerdem konnten sie nur soviel produzieren, wie es im Fünfjahresplan für ihren Betrieb vorgesehen war. Aber offenbar wurden auch diese Werte oft nicht erreicht.

Vermutlich wurden viele Betriebe von den Beschäftigten noch ausgeplündert. Ich besuchte nach der Wende ein ostdeutsches Unternehmen, das für seine Produkte Schichtholz benutzte. Die Produkte wurden auch exportiert.

Die neuen Geschäftsführer führten mich im Unternehmen herum. Im Holzlager bemerkten sie süffisant, dass sich die Mitarbeiter ihr Eigenheim zu einem Teil mit dem Schichtholz aus dem Lager des

Unternehmens gebaut haben, weil sie keine Mauerziegel bekommen konnten.

Allerdings ist Diebstahl auch in westdeutschen Betrieben an der Tagesordnung gewesen. In einem größeren Betrieb in der Nähe von Stuttgart war eine neue Produktionshalle gebaut worden. Für die Sanitärräume wurden vormittags 27 Waschbecken mit Armaturen angeliefert. Um 14 Uhr, als die Monteure diese Waschbecken montieren wollten, waren alle verschwunden! Schlimmer noch erging es einem Handwerker, der auf eine hohe Leiter stieg, um oben etwas zu überprüfen. Als er von der Leiter herunterkam, war seine unten an der Leiter abgelegte Bohrmaschine verschwunden. Viele westdeutsche Betriebe kamen ohne Taschenkontrolle der Arbeitnehmer am Werkstor nicht aus.!

Die Flüchtlingswelle in der DDR veranlasste die Staatsregierung immer repressiver zu werden, mit einer unvorstellbaren Überwachung seiner Bürger und mit einem unnötigen Schießbefehl auf Flüchtlinge.

Vergleicht man diese Überwachungspraxis der DDR mit der heutigen Abschöpfung von Informationen in den Kommunikationskanälen Festnetz-Telefonie, Mobilfunk, Internet-Telefonie, E-Mails, SMS und ähnlichem sowie Briefverkehr, Geldverkehr und der Videoüberwachung durch die amerikanische NSA, dem britischen und deutschen Geheimdienst, so kommt uns die Stasi der DDR wie ein Anfänger vor. Es fehlen uns nur noch der IM (inoffizieller Mitarbeiter) der DDR und die Denunziation von Nachbarn wegen aufmüpfigem Sprechen in Bezug auf die Regierung. Aber vielleicht sind die kapitalistischen Staaten in ihrem Drang nach Überwachung der Bürger IT-technisch schon viel weiter, als wir es uns vorstellen können.

Der Beitritt der DDR zur westdeutschen Bundesrepublik hatte für die Wirtschaft in der DDR fatale Folgen. Es gingen sehr viele Arbeitsplätze verloren, die wegen fehlender Wettbewerbsfähigkeit nicht aufrechterhalten werden konnten, so ist die offizielle Lesart. Ich hatte damals jedoch den Eindruck, dass westdeutsche Konzerne die Chance nutzten, die ostdeutschen Wettbewerber „platt" zu machen. Zum Ausgleich für fehlende Arbeitsplätze wurden neue Betriebe in

Ostdeutschland angesiedelt, aber nicht so viele wie nötig gewesen wären.

Unverständlich ist jedoch, dass sich das Problem niedriger Produktivität im Vergleich zu Westdeutschland auch nach 24 Jahren nicht vollständig beseitigen ließ. Ich weiß von einem Betrieb in Ostdeutschland, der nach der Wende von der Fa. Bosch errichtet wurde. Von Bosch wurde erklärt, dass dieser neue Betrieb eine höhere Produktivität habe als sein Pendant in Stuttgart. Vermutlich gilt das nicht für alle Betriebe und nicht für die staatlichen Verwaltungen.

Von staatlicher Seite wird berichtet, dass auch in 2014 die Produktivität in den ostdeutschen Bundesländern nur etwa 70 Prozent der Produktivität in den westdeutschen Bundesländern erreichte. Könnte diese niedrige Produktivität die Folge des reichlichen Geldsegens sein, der seit der Wiedervereinigung in die ostdeutschen Bundesländer floss und damit die Überbeschäftigung in den Verwaltungen aufrechterhielt?

Versucht man ein Fazit zu ziehen, so hatte die DDR unbestreitbare Vorteile in Bezug auf soziale Sicherheit und persönliche Sicherheit ihrer Bürger. Die weitgehende Gleichheit der Lebensbedingungen wurde ebenso als Vorteil angesehen. Alle Bürger, die ihre Regierung so akzeptierten, wie sie war, litten unter keinen Repressionen. Sie waren weitgehend zufrieden. So war offenbar die Mehrheit aller DDR-Bürger mit ihrem Leben relativ zufrieden.

Nur eine eher kleine Menge von Kritikern in der DDR wagte schließlich den Aufstand und die Revolution und besiegte den schwächelnden Staatsapparat. Später lobten viele Ostdeutsche die menschliche Wärme, die in der DDR geherrscht hatte und die sie in Westdeutschland vermissten.

Letztlich war die DDR aufgrund der Konfrontation mit der westdeutschen Überflusswirtschaft und der hohen Produktivität in Westdeutschland mit deren hohen Deviseneinnahmen nicht überlebensfähig.

Am Ende stellt sich die Frage, ob in der heutigen Zeit, der Sozialismus noch eine Chance hätte gegen den Kapitalismus in der BRD. Grundsätzlich müsste man die Frage verneinen, auch wenn sich die BRD mit ihrem herrschenden Neoliberalismus weit von der früheren Sozialen Marktwirtschaft entfernt hat. Dennoch ist die Überlegung einen Versuch wert.

Moderner Sozialismus

Es war meines Wissens Oskar Lafontaine, der in der Partei der Linken für einen demokratischen Sozialismus eintritt, obwohl er wissen muss, dass es sich um eine Utopie handelt. Offenbar wünscht sich auch Sarah Wagenknecht, Lafontaines Lebensgefährtin, einen sozialistischen Staat.

Ein sozialistischer Staat kann nur durch eine Revolution entstehen. Ich kann mir nicht vorstellen, dass sich die Bürger der BRD in 2015 oder später freiwillig für eine sozialistische Regierungs- und Wirtschaftsform entscheiden würden. Warum sollten sie das aufgeben, was sie kennen, wenn es auch nicht besonders gut ist, für eine Zukunft, die sie nicht kennen und die nur aus Versprechungen besteht?

Das Ziel eines sozialistischen Staats wäre immer die weitgehende Gleichheit der Lebensverhältnisse, soziale Sicherheit und eine weit reichende persönliche Sicherheit, aber auch ein ausreichendes Maß an persönlicher Freiheit. Es gibt keine Ausbeutung der Arbeitnehmer. Das Ziel ist, ein Gemeinwesen zu schaffen, in dem sich die Menschen wohlfühlen und in dem sie mit fleißiger Arbeit einen bescheidenen Wohlstand erreichen können. Es soll eine hohe Lebensqualität erreicht werden. Die Arbeitnehmer dürfen nicht zu Arbeits-Sklaven werden. Der Leistungsdruck darf nicht so groß werden, dass vielfacher Burnout auftritt und dass die Arbeitnehmer glauben, nur mit Hilfe von Drogen oder Alkohol die gestellten Anforderungen erfüllen zu können.

Im sozialistischen Staat, z.B. einer Sozialdemokratischen Republik (SDR), sollte der Mensch im Mittelpunkt stehen und die Entwicklung der positiven Eigenschaften des Menschen anstelle der Diktatur des Kapitals und der Vermehrung des Kapitals als wichtigstem Ziel.

Noch bestehende große Vermögensungleichheit ist über hohe Einkommen- und Vermögenssteuern abzubauen. Das Inflationsziel der Notenbank ist, 2 Prozent nicht zu überschreiten.

Ein unüberwindbares Hindernis?

Gehen wir mal versuchsweise von einem fiktiven sozialistischen Staat aus. Man könnte sich vorstellen, dass die Bürger der Bundesländer Sachsen-Anhalt, Brandenburg und Mecklenburg-Vorpommern ein Interesse an einem sozialistischen Staat haben könnten. In diesen Bundesländer herrscht noch hohe Arbeitslosigkeit. Eine Abstimmung aller wahlberechtigten Bürger/innen könnte zum Ergebnis haben, dass sich 85 Prozent der Wähler dafür entscheiden, einen eigenen sozialistischen Staat zu gründen, um aus ihrer Sicht eine bessere Lebensqualität zu erreichen. Als Hauptstadt würden sie Potsdam wählen.

Diese drei Bundesländer würden aus dem Verbund der BRD ausscheiden, ebenso aus der EU. Die Folge davon wäre, dass Berlin dann eine Enklave der Bundesrepublik in dem sozialistischen Staat SDR wäre. Oder die BRD müsste ihren Regierungssitz zurück nach Bonn verlegen.

Eigentlich ist es absolut unrealistisch, dass die Regierung der BRD es zulassen würde, dass die genannten drei ostdeutschen Bundesländer sich für unabhängig erklären und aus dem Staatsgebiet der BRD ausscheiden. Das wäre eine teilweise Rückgängigmachung der Wiedervereinigung. Da spielen die Motive der Menschen für das Streben nach einem sozialistischen Staat mit besseren Lebensverhältnissen keine Rolle. Die territoriale Integrität darf nicht verletzt werden.

Die Bundesregierung würde schon die Absicht für eine Abstimmung über die Unabhängigkeit der drei ostdeutschen Bundesländer für illegal erklären, weil das Grundgesetz keine Abspaltung von Teilen der Bundesrepublik zulassen würde. Die territoriale Integrität hätte dabei mehr Gewicht als der demokratische Wille der Menschen und ihre Menschenrechte. Die bisher anderen Staaten vorgehaltenen Verletzungen von Menschenrechten würden hier zur hohlen Phrase verblassen, weil der „Popanz der territorialen Integrität" über die Menschenrechte und die Demokratie gestellt würde. Ein Gesetz, wie das Grundgesetz, würde in diesem Fall über die Interessen der Menschen gestellt. Aus ihrer Sicht würde dieses Gesetz und die damit verbundene Wirtschafts- und Regierungsform der von ihnen angestrebten Lebenswirklichkeit nicht mehr gerecht werden.

Was würde geschehen, wenn die Menschen in den drei ostdeutschen Bundesländern sich trotz der Mahnungen der Bundesregierung per Bürger-Abstimmung für die Unabhängigkeit entscheiden und ihre eigene Regierung bilden und ihre Grenzen mit Polizeikräften sichern würden?

Würde die Regierung der BRD diese Entscheidung der Unabhängigkeits-Rebellen akzeptieren? Könnte es nicht eher sein, dass die Bundesregierung die Bundeswehr in Marsch setzt und die „Rebellengebiete" mit Granaten beschießt und Bomben auf sie abwirft, dabei den Tod vieler Zivilisten billigend in Kauf nimmt, um die „Separatisten" zur Raison zu bringen? Die BRD hat bisher ein ähnliches Vorgehen in der Ukraine gebilligt. Könnte eventuell das Vorgehen der ukrainischen Regierung gegen seine Separatisten in der Ostukraine ein Vorbild für die Regierung der BRD sein? Wenn sich an dieser Stelle jemand über meine Gedanken aufregen würde, sollte er nicht vergessen, dass es sich bei den vorstehenden Überlegungen um reine Fiktion handelt!

Im Prinzip müsste hier jede Überlegung für einen demokratischen Sozialismus aufhören. In der BRD als Ganzes ist er nicht durchzusetzen. Falls sich ostdeutsche Bundesländer für unabhängig erklären würden, kann wohl nicht ausgeschlossen werden, dass sie mit Waffengewalt daran gehindert werden.

Dennoch könnte man sich auch einen positiven Ausgang solch einer Abspaltung ostdeutscher Bundesländer vorstellen, zumindest fiktiv. Deshalb führe ich den Gedanken eines sozialistischen Staats weiter.

Wie könnte solch ein Staat konstruiert sein? Nachstehend führe ich Bruchstücke einer Grob-Skizze auf. Sie kann von Menschen, die mehr wissen als ich, sicher besser ergänzt oder korrigiert werden.

Der sozialistische Staat

Nennen wir den fiktiven Staat eine Sozialdemokratische Republik (SDR). Er muss meines Erachtens eher als Diktatur denn als Demokratie konstruiert sein.

In diesem Staat sind alle Produktionsmittel, der Handel, die Banken und Versicherungen und das Gesundheitswesen verstaatlicht. Die Währung ist der Deutsche Taler (DT) zu 100 Pfennig.

Die Banken dürfen nicht spekulieren, sie dürfen nur als Dienstleister für die gewerbliche Wirtschaft arbeiten, Spareinlagen verwalten und Kredite an Kunden geben.

Es wäre aber auch denkbar, dass die Industrie nicht verstaatlicht wird, um nicht auf benötigte Investoren verzichten zu müssen. Gleiches könnte für das Handwerk gelten und für Versicherungen.

Die aus sozialistischer Sicht erwünschten Arbeitsbedingungen könnten auch durch Regulierungen der Unternehmen bzw. durch spezielle Auflagen für sie erreicht werden. Wichtig wäre, dass sich die SDR das Ziel setzt, eine hohe Qualifikation aller Arbeitnehmer zu erreichen und durch Weiterbildung aufrecht zu erhalten.

Die Sozialdemokratische Republik (SDR) würde mit der BRD einen Vertrag für den ungehinderten Zugang zu Berlin abschließen, aber für den Unterhalt der Wege einen finanziellen Beitrag verlangen, wie es schon zu Zeiten der DDR galt.

Die SDR würde aus der EU ausscheiden. Sie hätte dann mit dem Regulierungswahn der EU-Bürokratie nichts mehr zu tun. Allerdings könnte sie auch einige Investitionsbeihilfen verlieren. Sie müsste aber auch keine Armutseinwanderer aus den Armutsstaaten der EU aufnehmen und versorgen. Es bleibt unergründlich, wie die alte EU derart arme und für die EU nicht reife Staaten jemals als Mitglieder aufnehmen konnte, wenn doch schon Griechenland nicht wirklich die Anforderungen erfüllte.

Die SDR ist dann auch nicht mehr von der Europäischen Zentralbank abhängig, deren Zinspolitik derzeit die Sparer der Eurozone schädigt, sodass diese nicht mehr sinnvoll für ihr Alter eine

Vermögensreserve ansparen können. Die SDR kann ihre eigene Währungs- und Zinspolitik betreiben.

Die SDR würde mit der EU einen Assoziationsvertrag abschließen, wie z.B. zwischen EU und der Ukraine, um von dem Freihandel in der EU zu profitieren. Es könnte aber vorteilhafter sein, sich der von Russland initiierten Eurasia-Zone anzuschließen. Das hätte den Vorteil, dass westliche Unternehmen Produktionsstätten in der SDR aufbauen, um frei von den EU-Sanktionen den russischen Markt beliefern zu können.

Die Unternehmen in der EU haben als Folge der Sanktionen gegenüber Russland sämtliches Vertrauen bei ihren russischen Geschäftspartnern verspielt, da sie als nicht mehr zuverlässig gelten. Russland öffnet sich nun vermehrt chinesischen Geschäftspartnern. Aber Unternehmen der SDR hätten die große Chance, dass Russland sich nicht vollends China ausgeliefert sieht.

Die unkontrollierte Tätigkeit von Lobbyisten wird verboten. Die Regierung informiert sich bei geplanten Maßnahmen ggfs. durch öffentliche Anhörung von Experten und Betroffenen.

Die SDR würde verfolgten Menschen Asylrecht gewähren. Sie würde aber keine Wirtschaftsflüchtlinge und keine Armutseinwanderer aufnehmen, weil sie sich das wirtschaftlich wohl kaum leisten könnte.

Die SDR würde sich im Ausland diplomatisch von einem befreundeten Staat vertreten lassen, vorzugsweise von der BRD. Das spart Kosten.

Produktivität als Problem?

Die Annahme ist, dass ein sozialistischer Staat mit Beschäftigungsgarantie für alle arbeitsfähigen Menschen immer einen niedrigeren Lebensstandard hätte, als er im Durchschnitt betrachtet in kapitalistischen Ländern möglich ist.

Mit der Beschäftigungsgarantie könnte auch eine um etwa 30 Prozent niedrigere Produktivität verbunden sein im Verhältnis zum Kapitalismus bzw. in der BRD. Das würde dazu führen, dass in der SDR die Durchschnittseinkommen der sozialistischen Facharbeiter und Hilfsarbeiter inklusive Anreizprämien nur etwa 80 Prozent der vergleichbaren Einkommen in der BRD betragen könnten. Des Weiteren müssten die Bürger der SDR mindestens 45 Wochenstunden arbeiten mit nur 4 Wochen bezahltem Jahresurlaub. Das könnte die niedrigere Produktivität ausgleichen. Das Rentenalter würde erst mit 68 Jahren beginnen.

Aber auch die vorstehende Annahme könnte man infrage stellen. Bei verstaatlichter Industrie könnten staatliche Rationalisierungsteams auf der Basis der Erfahrungen von Toyota beim Autobau oder der Erfahrungen, von Jack Welch, dem früheren Chairman von General Electric, alle Unternehmen auf einen Produktivitätsstand bringen, der dem westlicher Unternehmen nicht nachstehen würde. Bei konsequentem Vorgehen könnte auf Durchschnittsbasis eventuell sogar eine höhere Produktivität erreicht werden, weil viele westliche Unternehmen nicht konsequent rationalisieren.

Wenn die Industrie-Unternehmen nicht verstaatlicht werden, könnten sie per Auflage des Staats verpflichtet werden, konsequente Rationalisierungen durchzuführen, deren Durchführung auch kontrolliert wird. Das Problem ist nur, wie die hohe Produktivität zu erreichen ist, wenn aufgrund der Beschäftigungsgarantie ein Überbestand an Personal gegeben ist, wenn also mehr Arbeitnehmer im Unternehmen beschäftigt werden müssen, als tatsächlich benötigt werden.

Eine Variante der bisherigen Überlegungen ist, dass überschüssige Belegschaftsmitglieder, also für die Leistungserbringung nicht benötigte Arbeitnehmer, von den Unternehmen an die staatliche Zeitarbeitsfirma abgegeben werden. Die staatliche Zeitarbeitsfirma mit Filialen in allen größeren Städten wird von professionellen Managern geleitet. Die Kosten dieser Zeitarbeitsfirma werden prozentual auf alle im Staat tätigen Unternehmen umgelegt. Die Unternehmen werden in Abhängigkeit der Anzahl ihrer Beschäftigten mit dem jeweils gültigen Prozentsatz für die auf Abruf zur Verfügung stehenden Zeitarbeiter (Arbeitskraft-Reserve) belastet. Das ist ähnlich einer Versicherung zu vergleichen, mit der bestimmte Risiken abgegolten werden. Das System braucht auf diese Weise keine Arbeitslosenversicherung, die in der BRD zurzeit 3 Prozent beträgt.

Die prozentuale Umlegung der Kosten des Zeitarbeitsunternehmens als Arbeitskraft-Reserve ermöglicht den Unternehmen, möglichst produktiv zu arbeiten. Im Falle von Urlaub und Krankheit von Mitarbeitern werden ihre Plätze von Zeitarbeitern ausgefüllt. Die Stammbelegschaft wird nicht dem Stress ausgesetzt, auch noch die Arbeit der fehlenden Kollegen bzw. Kolleginnen ausführen zu müssen, wie es eher in der BRD üblich ist.

Die Mitarbeiter/innen der Zeitarbeitsfirma werden für ihre Einsatzgebiete qualifiziert, soweit das erforderlich ist. Sie erhalten einen um 15 Prozent höheren Lohn als der Durchschnittslohn in ihrem Fachgebiet als Ausgleich für die von ihnen verlangte Mobilität.

Wenn die Mitarbeiter/innen der staatlichen Firma für Zeitarbeit keine Aufträge von Unternehmen haben, werden die Facharbeiter und Handwerker zur Instandsetzung von Schulen und Verwaltungsgebäuden eingesetzt. Die primär mit dem Kopf arbeitenden Mitarbeiter/innen der Zeitarbeit arbeiten an Projekten zur Förderung der Zukunftsfähigkeit der Verwaltungen (Bürokratie-Abbau) und der Wirtschaft (Handel, Industrie und Dienstleistungen). Ihre Arbeitskraft und Intelligenz wird produktiv genutzt.

Die Höhe der Produktivität in den einzelnen Unternehmen ist sicher sehr wichtig für ihren Erfolg am Markt, aber nicht allein. Es gibt ja noch Faktoren wie Qualität, Lieferzuverlässigkeit, Innovation, Service, Kulanz usw..

Das Ziel einer hohen Produktivität soll erreicht werden durch hohe Konzentration auf die Arbeit mit hoher Qualität, Minimieren von Leerhandlungen und dass die Arbeit mit Freude ausgeführt wird. Wichtig ist also eine hohe Arbeitsmotivation, die erreicht wird, wenn alle das gleiche Ziel in ihrem Unternehmen haben und es voll unterstützen. Geschäftsleitung und Führungskräfte sind verpflichtet, ein gutes Betriebsklima zu schaffen, dass die Arbeitnehmer/innen gerne zur Arbeit kommen und sich mit ihren Fähigkeiten voll engagiert einbringen.

In kapitalistisch geführten Unternehmen denkt jeder Beschäftigte primär nur an seinen eigenen Vorteil und handelt entsprechend. So ist in diesen Unternehmen ein hoher Prozentsatz der Beschäftigten in die innere Kündigung gegangen mit negativer Auswirkung auf Qualität, Produktivität und Service.

Im Gegensatz zum Kapitalismus arbeitet im modernen Sozialismus jeder Arbeitnehmer zuerst für das Gemeinwohl und das Wohlergehen seines Unternehmens. Er weiß, dass es ihm als Folge davon auch persönlich gut gehen wird, dass er seinen gerechten Anteil am Wohlergehen seines Unternehmens erhält. Ein Unternehmensberater hat vor vielen Jahren diese Art von Unternehmen als „Sinngemeinschaft" bezeichnet.

Gesamtwirtschaftlich betrachtet, im Vergleich mit der BRD, weist die BRD zwar eine niedrige Arbeitslosenrate aus. Jeder Arbeitnehmer, der mindestens 15 Stunden pro Woche arbeitet, gilt nicht als arbeitslos. Damit täuscht die BRD eine niedrige Arbeitslosenrate vor, die tatsächlich nicht besteht. In 2013 betrug die Anzahl der Minijobber 6,7 Millionen, die keinen vollwertigen Arbeitsplatz hatten. Hinzu kommt, dass noch etwa 6 Millionen Bürger in Hartz IV geparkt sind, die entweder keinen Arbeitsplatz finden oder als nicht für den Arbeitsmarkt verfügbar betrachtet werden. Minijobber und Empfänger von Hartz IV-Leistungen sind einer gewissen Armut ausgesetzt. Die Chancen einer SDR wären sogar gut, nach einiger Zeit eher bessere Ergebnisse zu erreichen in Bezug auf Produktivität und Vollbeschäftigung, als sie in der BRD erreicht werden.

Wenn die Wirtschaft im erwünschten Maße erfolgreich arbeitet, könnte bei Überbestand an Personal eventuell auch die Wochenarbeitszeit je Arbeitnehmer auf 35 Stunden je Woche ohne Lohneinbuße oder mit nur geringfügiger Lohneinbuße reduziert werden, damit möglichst alle arbeitsfähigen Bürger/innen einer Arbeit nachgehen können.

Eine SDR könnten mit viel zusätzlicher Frauenarbeit einen höheren Beschäftigungsgrad erreichen als kapitalistische Länder. Je mehr Menschen arbeiten und einen Beitrag zum Bruttosozialprodukt erbringen, je höher ist insgesamt der Wohlstand im Staat.

Ein Staat ohne Parteien

Der Staat SDR hat keine Parteien, weil diese nur die Regierung erschweren. Das Parteiengezänk mit Diffamierung von politischen Gegnern und der Vertretung von Partikularinteressen, auch gegen das Gemeinwohl, ist für Bürger nur schwer zu ertragen und verdirbt die Gesellschaft moralisch.

Die SDR kennt auch keine Gewerkschaften. Sie sind unproduktiv und überflüssig. Entweder handeln sie eher zum Schaden eines Betriebs oder sie kungeln mit den Mächtigen im Aufsichtsrat. Als Interessenvertretern geht es den Chefs von Gewerkschaften eher weniger oder gar nicht um das Gemeinwohl. Wie andere Politiker wollen sie vorrangig persönliche Macht, Einfluss und Geltung, um auch mit Hilfe von möglichst vielen Mitgliedern das eigene Einkommen zu steigern. Jahrelang hielten die Gewerkschaften in der BRD die Löhne niedrig, akzeptierten ein Absinken der Reallöhne, aber billigten die deutlichen Einkommenssteigerungen in Vorstandsetagen und Aufsichtsräten.

Mitarbeiter/innen von Unternehmen dürfen aber einen Betriebsrat wählen. Der Betriebsrat informiert die Geschäftsleitung über Missstände im Betrieb. Er schlägt Verbesserungen jeglicher Art vor, die den Arbeitnehmern die Arbeit erleichtern und die Qualität und Produktivität erhöhen.

Der sozialistische Staat SDR braucht keine festgeschriebene Verfassung. Sie enthält meist nur hohle Worte, wie z.B., dass alle Bürger vor dem Gesetz gleich seien. In Wirklichkeit hilft das Gesetz den Mächtigen, sich gegen die kleinen Leute durchzusetzen. Dieses Ergebnis konnte man oft genug lesen. Dann steht in der Verfassung meist noch, dass Religionsfreiheit herrsche. Tatsächlich kümmert sich der Staat nicht darum, wenn eine Religion die Anhänger anderer Religionen oder die Atheisten für unwerte Menschen hält, die man bekämpfen müsse oder gar töten dürfe, weil nur so Frieden erreicht werden könne. So weit kann also die Religionsfreiheit ausgenutzt werden.

Grundlegende Anforderungen an das friedliche Zusammenleben der Menschen kann die Regierung per Gesetz regeln. Das ist flexibler als eine Verfassung.

Ein sozialistischer Staat braucht eine schlanke Regierung und eine schlanke Bürokratie, um im Wettbewerb mit dem Kapitalismus bestehen zu können. Damit erarbeitet er sich Produktivitätsvorteile. Von diesem Staat werden nicht immer neue Gesetze erarbeitet, unter Nichtberücksichtigung der Erfahrungen anderer Staaten. Der Staat SDR kopiert die Gesetze anderer Staaten, die sich bewährt haben, mit den für den eigenen Staat notwendigen Änderungen. Deshalb braucht er in Relation zur Bevölkerung weniger Bürokraten als kapitalistische Staaten.

Die SDR könnte in Bezug auf eine erfolgreiche Wirtschaft mit niedriger Arbeitslosigkeit trotz hoher Löhne von der Schweiz einiges lernen, insbesondere zur Lieferzuverlässigkeit, Qualität, Innovationsdynamik und Forschung.

Das Regierungssystem

Das Regierungssystem besteht aus einem Parlament, das sich Volksvertretung (VV) nennt, einer Regierung und anstelle einer zweiten Kammer aus einem Regierungs-Kontrollorgan (ROK).

Die Bürger wählen alle 4 Jahre ein Parlament, wobei festzulegen ist, wie viele Bürger von einem Abgeordneten vertreten werden. Wählbar sind Bürger und Bürgerinnen ab einem Lebensalter von 25 Jahren, wenn sie eine abgeschlossene Schulbildung und eine abgeschlossene Ausbildung für einen anerkannten Beruf vorweisen können.

Das Wahlsystem

Es gibt nur Direktwahlkreise und einen zu wählenden Direktwahlkreiskandidaten bzw. eine Kandidatin. Für jeden Wahlkreis gibt es eine Website, auf der Vorwahlen zur Kandidatenauswahl stattfinden.

Wer sich zur Wahl in die Volksvertretung wählen lassen möchte, muss sich bei dem Regierungsvertreter anmelden, der die Website seines Wahlbezirks verwaltet, und eine Anmeldegebühr von 50,00 oder auch 100,00 D-Taler zahlen. Damit wird verhindert, dass sich zu viele unqualifizierte Bewerber melden. Bewerber/innen müssen im ersten Wahlgang über das Internet nur ihren Namen, ihr Geburtsjahr, ihren Beruf und ihren Wohnort nennen und ein Bild von sich zeigen.

Die Wähler wählen aus der Liste der aufgeführten Bewerber/innen auf der Website 20 Kandidaten bzw. Kandidatinnen aus. Als Passwort für die von ihnen angeklickten Bewerber verwenden sie ein Passwort, dass sie von ihrem Finanzamt erhalten haben, das aber nicht identisch ist mit ihrer Steuernummer.

In einem zweiten Wahlgang wählen sie von den 20 übrig gebliebenen Bewerbern/innen 10 Kandidaten aus, von denen sie glauben, dass diese ihre Interessen in der VV bestmöglich vertreten können. Bei diesem Wahlgang müssen Bewerber auf der Website in Kurzfassung erklären, warum sie sich für geeignet halten, die Interessen der Bürger in der VV zu vertreten.

Bei einem dritten Wahlgang im Internet kann jeder Wahlberechtigte nur noch zwei (oder drei) Kandidaten bzw. Kandidatinnen als Wahlvorschlag auswählen. Die Namen dieser zwei Kandidaten oder Kandidatinnen werden auf einem Wahlzettel gedruckt, für die endgültige Parlaments-Wahl, bei der sich die Wähler des Wahlkreises für einen der zur Wahl stehenden Kandidaten entscheiden müssen. Mit dem gedruckten Wahlzettel können auch die Wähler wählen, die keinen Zugang zum Internet haben oder sich damit nicht auskennen.

Die Teilnahme an Wahlen ist jedem Bürger freigestellt. Wenn die Wahlbeteiligung jedoch in einem Wahlkreis unter 60 Prozent fällt, ist die Wahl in diesem Wahlkreis ungültig. Der Wahlkreis entsendet dann keinen Vertreter in die Volksvertretung, der die Interessen und Nöte der Bürger des Wahlkreises gegenüber der Regierung vertritt. Das wird dazu führen, dass bei der nächsten Wahl die Bürger dafür werben werden, dass mehr als 60 Prozent der Bürger an der Wahl teilnehmen.

Zusätzlich zur Wahl des Volksvertreters des Wahlkreises wählen die Wähler aus einem Kreis von 24 Personen, alles Technokraten aus Wirtschaft und von Universitäten, die sich zur Wahl gestellt haben, das Regierungskontrollorgan (RKO). Das Regierungskontrollorgan besteht aus der gleichen Anzahl von Kontrolleuren, wie es der Zahl von Ministern der Regierung entspricht. Die Aufgabe des ROK ist, die Arbeit der Regierung zu bewerten und die Bürger zu informieren, wenn Minister/innen nicht die erwartete Performance mit ihrem Beamten- und Angestellten-Apparat erbringen. Die Volksvertretung kann mit 75,01 Prozent Mehrheit ungeeignete Minister/innen abwählen und einen neuen Minister bzw. eine neue Ministerin wählen.

Wer als Abgeordneter bei einem späteren Wahlgang nicht wiedergewählt wird, hat ein Anrecht auf einen Arbeitsplatz. Er kann nicht in die Armut fallen. Er kann daher entsprechend seinem Gewissen frei entscheiden!

Die Regierung

Die Aufgabe der Volksvertreter ist die Wahl der Regierung und die Vertretung der Interessen und Nöte der Wähler gegenüber der Regierung.

Die Regierung besteht aus dem Regierungschef als Ministerpräsident/in und 10 bis 11 Ministern bzw. Ministerinnen, als reine Regierung von Technokraten. Die Regierung erlässt Gesetze und Verordnungen nach vorheriger Beratung mit dem Parlament und mit dem Regierungskontrollorgan.

Die Regierung erlässt Gesetze und Verordnungen, deren Notwendigkeit und Nutzen sie vorher mit der Volksvertretung beraten hat. Die Regierung braucht für die Verabschiedung der Gesetze und Verordnungen nicht die Zustimmung der Volksvertretung.

Das Arbeitsministerium stellt sicher, dass soziale Anforderungen und Sicherheitsbedingungen zum Schutz der Arbeitnehmer von den Unternehmen eingehalten werden.

Das Wirtschaftsministerium kontrolliert die Performance der Unternehmen, Auch wenn die Industrie-Unternehmen nicht verstaatlicht würden, könnte das Wirtschaftsministerium von den privat geführten Unternehmen monatliche Betriebsergebnisrechnungen und Gewinn- und Verlust-Ergebnisse sowie Angaben über die Zahl der Beschäftigten, die Beschäftigungsstruktur und die Exporte und die Exportländer verlangen. Sie könnte damit Einblick in die Kostenstruktur nehmen und erkennen, ob das Management die richtigen Maßnahmen ergreift, um das jeweilige Unternehmen erfolgreich zu führen. Eine sozialistische Regierung darf das Schicksal von Unternehmen nicht allein deren privaten Inhabern überlassen.

Der Export wird massiv gefördert, um benötigte Devisen zu erwirtschaften. Mit den besten auf Werften und Schiffbau spezialisierten Beratern der Welt werden die Werften voll durchrationalisiert, um im globalen Wettbewerb des Schiffbaus bestehen zu können.

Das Bildungs- und Forschungsministerium sorgt dafür, dass die Schulen gute Arbeit leisten, dass Schüler gut ausgebildet werden. Schul-Abbrecher, die zum Lernen fähig aber dazu nicht willig sind, werden in Sonderschulen überstellt, wo sie von spezialisierten Lehrkräften bis zum Schulabschluss auf Hauptschul-Niveau geführt werden. Ohne diesen Schulabschluss dürfen sie nicht in den Arbeitsprozess eingegliedert werden. Sie müssen bis zur Arbeitsaufnahme von ihren Eltern unterhalten werden.

Es gibt spezielle Berufsausbildungszentren für Auszubildende, die keine Ausbildung in Wirtschaftsbetrieben gefunden haben. Sie werden unter realistischen Bedingungen für eine Arbeit in den Unternehmen ausgebildet.

Das Forschungsministerium unterhält eine Reihe von Innovationszentren. Forscher, Entwickler und Produktions-Spezialisten, verbessern mit Spezialisten aus Industrieunternehmen vorhandene Produkte, entwickeln neue Produkte und suchen nach neuen Geschäftsfeldern für Unternehmen. Das Ziel ist, Umsatzsteigerung der Unternehmen und Erhöhung der Zahl der Arbeitsplätze.

Die Regierung arbeitet mit geringsten Kosten. Deshalb können die Institute für angewandte Forschung sehr großzügig mit Geld ausgestattet werden.

Das Arbeitsministerium, zugleich auch Familienministerium, würde für eine ausreichende Zahl von Kitas sorgen und eine Jugendorganisation ähnlich den Pfadfindern aufbauen, mit der Jugendliche in Gemeinschaft mit anderen ihre Freizeit mit Spielen und irgendwelcher nützlicher Arbeit verbringen können. Dazu würde auch der Unterhalt von Jugendheimen gehören. Jugendliche könnten hier das friedliche Zusammensein mit anderen erlernen und erleben und lernen, Konflikte friedlich zu bewältigen. Anstatt in ihrer Freizeit gelangweilt herumzulungern, können sie so ihre Freizeit zu ihrer Persönlichkeitsentwicklung nutzen.

Auch Städte und Landkreise könnten mit einem ähnlichen System verwaltet werden. Anstelle eines Landrats oder Bürgermeisters könnte eine Doppelspitze effizienter sein. Ein Verwaltungsfachmann (-frau) wäre zuständig für die Einhaltung von Gesetzen und Verordnungen. Sein Gegenpart sollte ein erfahrener Manager sein, der die Bürokratie so effizient wie möglich macht und für schnelle Bescheide in Bezug auf Anträge sorgt, auch für Ansiedlung von Investoren. Stadträte oder Gemeinderäte sind überflüssig. Sie verfolgen oft genug nur eigene Interessen, nicht die Interessen der Bürger.

Die Sozialistische Deutsche Republik (SDR) braucht keinen Präsidenten für den Empfang von Staatschefs anderer Länder. Solch ein System ist unproduktiv und teuer. Auf das Abschreiten einer Ehrengarde kann leicht verzichtet werden. Die SDR ist für ihre Bürger da und braucht keine Show für Staatsgäste.

Das Wirtschaftssystem

Anfangs übernahm ich eher kritiklos die üblichen Annahmen für einen sozialistischen Staat. Je länger ich darüber nachdenke, desto eher komme ich zu der Annahme, dass ein sozialistischer Staat auch ohne Verstaatlichung der Industrie und des Handwerks möglich sein könnte. Er könnte dann auch annähernd so produktiv sein wie kapitalistische Unternehmen.

Grundnahrungsmittel und Mieten müssen nicht subventioniert sein.

Vieles lässt sich über die Mehrwertsteuer regeln. Der übliche Mehrwertsteuersatz könnte 20 Prozent betragen. Grundnahrungsmittel sind von der Mehrwertsteuer befreit.

Die Mehrwertsteuer für Luxuswaren beträgt 45 Prozent. Die Einfuhrumsatzsteuer für Luxus-Autos, das sind Personenkraftwagen mit mehr als 2,0 Liter Hubraum, beträgt ebenfalls 45 Prozent.

Die Höhe der Mieten wird staatlich reguliert, indem den Investoren oder Vermietern nur eine Verzinsung ihres eingesetzten Kapitals in Höhe von max. 4 - 5 Prozent erlaubt wird. Wer in seiner Steuererklärung eine höhere Verzinsung erreicht, wird aufgefordert, seine Mieten zu senken. Anderenfalls wird seine höhere Verzinsung als sittenwidrig bestraft. Wer als Investor Wohnbauten mit Baumängeln erstellt, die er nicht umgehend beseitigt, wird mit mehreren Jahren Gefängnis bestraft. Wo Luxus-Wohnungen den Bürgern keine preisgünstigen Wohnungen bieten, wird der Staat tätig und erstellt als Investor Wohnungen mit preisgünstigen Mieten.

Spareinlagen der Bürger werden mit 4 Prozent verzinst. Der Zinssatz für Unternehmenskredite beträgt nur max. 5 Prozent. Die Einkommensteuer für Unternehmen beträgt 40 Prozent vom Gewinn. Eine Verzinsung des eingesetzten Kapitals von mehr als 10 - 12 Prozent wird vom Ministerium gerügt und ggfs. durch nachträgliche Anhebung von Löhnen oder zusätzliche Steuerbelastung reduziert.

Den Unternehmen wird als Lohnsystem empfohlen, für die Hilfsarbeiter und Facharbeiter ein Grundgehalt in Höhe von 80 Prozent des in der BRD für sie üblichen Durchschnittlohns zu bezahlen, der bei guter Leistung mit einer Prämie von bis zu 25 Prozent erhöht werden kann.

Facharbeiter sollten einen etwa 20 Prozent höheren Lohn als Hilfsarbeiter erhalten. Meister mit Führungsfunktion erhalten 20 Prozent mehr als ein Facharbeiter, Abteilungsleiter erhalten 50 Prozent mehr als Facharbeiter. Hauptabteilungsleiter sollten das Doppelte des Durchschnitts eines Facharbeiters bekommen, Geschäftsführer bzw. Betriebsleiter bis zu maximal dem Dreifachen eines Facharbeiters. Sie müssen dafür auch mehr Wochenstunden arbeiten. Eine derartige Entlohnung würde am besten zu einem sozialistischen Staat passen. Das System sollte mit Anreizprämien für Arbeitnehmer bzw. Erfolgsprämien für Führungskräfte und Topmanager ergänzt werden.

Da bei einer Umwandlung einer Gesellschaft in einen sozialistischen Staat aber kapitalistische Einkommensstrukturen gegeben sind, könnte mehr Gleichheit durch entsprechende Einkommen-Steuersätze erreicht werden. Bei Einkommen von mehr als 100.000 bis 150.000 D-Taler könnte der Einkommensanteil über 100.000 D-Taler mit 60 Prozent versteuert werden, Einkommen über 150.000 D-Taler mit 80 Prozent.

Normalerweise müsste sich ein sozialistisches Land wirtschaftlich abschotten mit hohen Zöllen für Einfuhrgüter. Gegen die Angebotsfülle kapitalistischer Länder hätte es keine Überlebens-Chance. In der heutigen Zeit ist das kaum mehr möglich. Aber es gibt andere Möglichkeiten. Sie setzen allerdings voraus, dass ein sozialistischer Staat nicht Mitglied der EU sein kann. Er kann Assoziationsverträge mit Freihandelszonen abschließen, in denen Handelsbeschränkungen aufgrund der geltenden Gesetze bzw. durch entsprechend hohe Einfuhrumsatz- bzw. Mehrwertsteuersätze anerkannt werden.

Aufgrund der Vergesellschaftung des Handels kann ein sozialistischer Staat festlegen, welche Güter von seiner staatlichen Handelsorganisation, namens VE (Vorteilseinkauf) vertrieben werden. Von dieser Handelsorganisation VE werden alle Waren angeboten, die ein Bürger normalerweise in seinem Haushalt und für sein Leben braucht. Das Angebot ist begrenzt, erfüllt jedoch alle normalen Anforderungen.

Vom Prinzip her orientiert sich das Angebot an die Vorgehensweise von kapitalistischen Discountern, wie z.B. ALDI, die mit rd. 650 bis 700 Artikeln im Sortiment ihre Kunden voll zufriedenstellen. Da heute eine nachfragegesteuerte Produktion mit Hilfe von Computern möglich ist, muss kein Mangel an Waren auftreten.

Ein unautorisierter Import per Einkauf im Internet ist allen Bürgern verboten. Der Staat stellt jedoch ein Internet-Verkaufshaus namens „Easy-Kauf" zur Verfügung, in dem alle Waren angeboten werden, die auch im VE verkauft werden.

Der SDR kann daher alle unerwünschten Importe ausschließen, indem er sie nicht zum Verkauf über seine staatliche Handelsorganisation VE zulässt. Er nutzt Importzölle, braucht sie aber nicht, um unerwünschte Importe zu begrenzen. Es geht auch über hohe Mehrwertsteuersätze.

Als Ersatz für diese Beschränkungen im normalen Verkauf gründet die SDR eine zweite Handelsorganisation mit Namen „LuxWV" für Luxuswaren-Vertrieb. Diese Handelskette ist mit ihren Verkaufsläden nur in großen Städten präsent. Sie bietet im Heimatland hergestellte Luxusgüter oder nur Güter mit besonderem Design und importierte Luxusgüter an, die man für die normale Lebenshaltung nicht benötigt. Mit dieser Handelsorganisation wird das übliche und durchschnittliche Angebot an Waren erhöht, ohne jedoch die unbegrenzte Angebotsfülle in kapitalistischen Ländern zu erreichen. Die Preise dieser Waren, die über LuxWV verkauft werden, liegen jedoch deutlich über den Preisen ähnlicher Waren, die vom normalen Handel VE verkauft werden. Die Waren von LuxWV können auch über deren Website bestellt werden.

Für den Verkauf von Autos wird noch eine dritte Handelskette benötigt.

Wem dieses Angebot an Waren nicht ausreicht, kann ins Ausland reisen und dort einkaufen. Bei der Einfuhr muss er jedoch eine

Einfuhr-Umsatzsteuer in Höhe von 30 Prozent des Einkaufswerts zahlen, für Luxuswaren und Luxus-Autos sogar 45 Prozent.

Eine staatliche Handwerks-Organisation versorgt die Bürger mit Handwerksleistungen. Sie ist untergliedert in örtliche Filialen. Die Handwerksleistungen werden mit einer Gewinnspanne von maximal 10 Prozent kalkuliert.

Die Bürger können die Leistungen ihrer örtlichen Filiale per Internet bewerten, jeweils direkt nach ausgeführter Leistung. Sinkt die Gesamtbewertung einer Filiale für den Zeitraum eines Jahres unter die Bewertung „gut", so werden die Gehälter der Angestellten für das nachfolgende Jahr um 6 Prozent gekürzt, das Gehalt des Betriebsleiters bzw. Geschäftsführers um 10 Prozent. Die Angestellten können mit mehr als 75 Prozent der Stimmen ihren Betriebsleiter bzw. Geschäftsführer abwählen, wenn sie ihn für nicht befähigt halten.

Neben der staatlichen Handwerksorganisation dürfen privatwirtschaftliche Handwerksbetriebe mit nicht mehr als maximal 2 Mitarbeitern in Konkurrenz mit den staatlichen Handwerksbetrieben treten. Sie sind in ihrer Preisbildung frei.

Bei der Umwandlung eines kapitalistischen Wirtschaftssystems in ein sozialistisches System sind Strukturen vorhanden, die man nicht kurzfristig auf ein sozialistisches System umstellen kann. Das ist ein großes Hindernis. Es wäre daher denkbar, auch den privaten Handel, wie er vor einer Umstellung auf Sozialismus existiert, im Privateigentum zu belassen.

Es wäre dann Aufgabe der Regierung, regulierend in den privaten Handel einzugreifen, zwecks kosten- und preisgünstiger Versorgung der Bevölkerung mit allen benötigten Waren. Das Gewinnstreben der privaten Eigentümer kann per Gesetz begrenzt werden. Es könnte z.B. festgelegt werden, dass das Gehalt des Eigentümers nicht mehr als das Dreifache eines durchschnittlichen Facharbeiterlohns betragen darf, zuzüglich einer Prämie von 20 Prozent, wenn die Beurteilung der Kunden den Durchschnittswert von „gut" nicht unterschreitet. Die Verzinsung des eingesetzten Kapitals könnte auf max. 10 bis 12 Prozent begrenzt werden.

Spitzen-Manager oder Spitzen-Forscher in der SDR können im kapitalistischen Ausland ein Mehrfaches ihrer Einkommen in der SDR erhalten. Was könnte sie davon abhalten, ins Ausland zu gehen? Wie kann die SDR sich dagegen schützen, dass Spitzenleute aus Forschung und Entwicklung ihr in der SDR erworbenes Know-How mitnehmen? Würden dafür Verträge mit Konkurrenzklausel ausreichen, die für 24 Monate eine Anstellung bei einem Konkurrenzunternehmen oder eine selbständige Tätigkeit mit Verwertung des erworbenen Wissens untersagen?

Es könnte das Arbeitsministerium oder das Wirtschaftsministerium verpflichtet werden, stets für ein Reservepotential von Führungskräften, Fachspezialisten und Facharbeitern für verschiedenste Bereiche zu sorgen. Diese Personal-Reserve könnte in der staatlichen Zeitarbeitsfirma geparkt werden. Spezialisten könnten in Innovationszirkeln mitarbeiten und bei größeren Rationalisierungsprojekten firmeneigene Mitarbeiter unterstützen, bei Konkurrenten ähnlich wie bei firmeninternen Wettbewerben. Wenn immer die Gefahr besteht, dass in einem Unternehmen Spitzenkräfte ins Ausland abwandern, werden natürlich schon die Unternehmensleiter rechtzeitig gute Nachwuchskräfte ausbilden und in Reserve halten.

Es gibt kein Streikrecht für Arbeitnehmer. Streiks sind in einer vernetzten Hochtechnologie-Wirtschaft mit Produktion „just-in-time" ein Anachronismus. Lohnkonflikte werden von der Regierung, als Anwalt der Arbeitnehmer, nach Gesprächen mit Unternehmerverbänden entschieden. Allgemeine Lohnerhöhungen sind abhängig von der gesamtwirtschaftlichen Produktivitätserhöhung und nur in Höhe von der Hälfte der erreichten Produktivitätserhöhung des abgelaufenen Jahres.

Gesellschaft, Gesundheit und Umwelt

Im Gegensatz zu kapitalistischen Ländern wird an den Schulen der SDR keine den Egoismus fördernde Konkurrenz unter Schülerinnen und Schülern geduldet. An den Schulen und anderen Bildungseinrichtungen wird die Ausrichtung auf das Gemeinwohl gefördert. Schüler/innen lernen gemeinsam in kleinen Gruppen. Sie lernen in Teams zusammenzuarbeiten, wobei sowohl im Vordergrund des gemeinsamen Arbeitens wie auch im Hintergrund steht, das Gemeinwohl, also das Wohl für alle, zu fördern. Das Ziel ist, den dem Menschen zunächst angeborenen Egoismus zu ersetzen durch eine verstärkt soziale Haltung, um dem Gemeinwohl dienen zu können.

Die Schüler/innen werden gemäß ihren Talenten, Fähigkeiten und Neigungen individuell gefördert. Viele Menschen lieben es, eine Routine abzuarbeiten. Andere wollen eher öfter etwas Neues machen, sich einer Herausforderung stellen. Im modernen Sozialismus gibt es keine Verlierer. Dennoch wird es nicht ohne eine kleine Steuerung bei der Berufswahl und Ausbildung gehen. Es können z.B. nicht Hundertprozent mehr Zahnärzte ausgebildet werden, als sie benötigt werden.

Die Ausbildung von Studierenden an Unis und Hochschulen wird von überflüssigem Ballast entrümpelt, den man später im Beruf nicht braucht. Stattdessen wird die Ausbildung in jedem Berufsfach breiter angelegt, ohne immer in die Tiefe zu gehen. Absolventen können dadurch flexibler in der Wirtschaft und im Staatsdienst eingesetzt werden. Sich wandelnden Berufsbildern und Berufsanforderungen wird durch Postgraduate-Studiengänge Rechnung getragen bei voller Gehaltszahlung für bisherige Berufstätige.

Die SDR ermöglicht Reisefreiheit für alle Bürger/innen. Es besteht Meinungs- und Pressefreiheit. Zwei staatliche Zeitungen und drei staatliche TV-Sende- und Radioprogramme versorgen die Bürger mit allen notwendigen Informationen und mit Unterhaltungssendungen. Der Empfang ist gebührenfrei. Private Zeitungen und private TV-Sender und private Radiosender sind erlaubt. Die Medien, egal ob staatlich oder privat, dürfen grobfahrlässig oder bewusst manipulativ keine Unwahrheiten verbreiten. Für Verstöße dagegen werden von Gerichten Geldstrafen verhängt. Pressefreiheit darf kein Freibrief für Unwahrheiten sein.

Die Bürger/innen sind alle in einer staatlichen Krankenversicherung pflichtversichert, auch die Beamten. In gleicher Weise sind alle Arbeitnehmer/innen in der staatlichen Rentenversicherung versichert, auch die Beamten. Es wird eine Rente in Höhe von 60 Prozent des letzten Nettoeinkommens nach 45 Jahren Arbeit angestrebt.

Die Gesundheitsversorgung erfolgt über Universitäts-Kliniken, Polikliniken und niedergelassene Ärzte. Die niedergelassenen Ärzte werden mit dem 2,5fachen eines Durchschnittslohns eines Facharbeiters honoriert.

Viehwirtschaft ist möglich, sollte aber eher dem Export dienen. Die Milchbauern dürfen nicht mehr ihre Gülle auf ihre Weiden bzw. Felder ausbringen, weil damit das Trinkwasser mit Schadstoffen belastet und die Gesundheit der Bürger gefährdet wird. Gülle ist zu pelletieren und zu verbrennen. Schweinezuchtbetriebe und ähnliche Betriebe dürfen mit ihren Emissionen und den Exkrementen der Tiere nicht die Umwelt belasten und nahegelegenen Wohngebieten keine Geruchsbelastung zufügen. Rinderzuchtbetriebe müssen mit Hilfe von Filtern in ihren Ställen die Emission von Methangas in die Atmosphäre verhindern. Bei der Massentierhaltung wird die Verwendung von Antibiotika mit mindestens 3 Jahren Gefängnis bestraft.

Bekanntlich sind Fleischerzeugnisse, Alkohol und Tabakwaren gesundheitsgefährdend. Deshalb werden Umsätze mit Fleischerzeugnissen, Alkohol mit mehr als 20 Volumenprozent, Tabakwaren und Süßwaren mit 45 Prozent Mehrwertsteuer belastet.

In Kantinen von Unternehmen und Betrieben dürfen keine Fleischerzeugnisse und kein Alkohol zum Verzehr angeboten werden. Einmal wöchentlich kann Fisch aus heimischen Gewässern im Kantinenessen angeboten werden.

Die SDR betreibt eine massive Aufklärung der Bevölkerung über gesunde Ernährung und gesunde Lebensführung, um die Zahl der Pflegefälle mit damit verbundenen hohen Kosten niedrig zu halten.

Raucher und übergewichtige Personen müssen einen Zuschlag von 15 Prozent auf den Krankenversicherungsbeitrag zahlen, weil sie später hohe Kosten bei der Krankheitsbehandlung verursachen. Sportler, die Risiko-Sportarten betreiben, müssen sich privat gegen das mit ihrer Sportart verbundene Unfall- und Krankheitsrisiko versichern, um nicht die Gemeinschaft aller Versicherten zu belasten.

Das Sozialsystem gewährt Bürgern und Bürgerinnen, die nicht arbeitsfähig sind oder jemals waren, eine Grundversorgung, die jedoch deutlich unter der Höhe einer erarbeiteten Rente liegt.

Die SDR braucht keine Suppenküchen oder „Tafeln" für Arme. Es gibt auch keine Obdachlosen. Menschen, die zur Obdachlosigkeit neigen, werden von Psychologen und Arbeitstherapeuten betreut. Sie werden wieder einer sinnstiftenden Arbeit zugeführt.

Pornographie ist verboten, Ebenso ist die Zurschaustellung nackter oder halbnackter Körper in der Öffentlichkeit, mit Ausnahme von mit Badebekleidung bedeckten Körpern in Strandbädern und Schwimmbädern, mit Geldstrafe belegt.

Unwahre Werbung ist strafbar. Aus humanitären Gründen dürfen Mager-Models nicht öffentlich auftreten und dürfen nicht auf Bildern gezeigt werden. Das dient auch zum Schutz vor falschen Vorbildern.

Kitas sind kostenfrei.

Moral, Ethik und Religion

Das Ziel des sozialistischen Staats ist ein friedliches Miteinander aller Bürger/innen mit gegenseitiger Achtung und Respektierung anderer Menschen und anderer Meinungen. Die Menschen gehen höflich und rücksichtsvoll mit anderen Menschen um, entsprechend der Goldenen Regel „was du nicht willst, dass man dir tu', das füg' auch keinem anderen zu".

Für viele Menschen besteht ein Bedarf für eine Religion und eine Religionsgemeinschaft, in der sie ein höheres Wesen, meist als Gott bezeichnet, anbeten und um Hilfe bitten können. Im demokratischen Sozialismus sind Religionen erlaubt.

Die Religionsausübung wird allen Anhängern bzw. Mitgliedern von solchen Religionsgemeinschaften gestattet, deren Religionslehre und Praktizierung ihrer Religion die Anhänger und Mitglieder anderer Religionsgemeinschaften als gleichberechtigt respektiert. Für die eigene Religion darf kein Anspruch auf Allgemeingültigkeit oder Überlegenheit im Vergleich mit anderen Religionen erhoben werden. Anhänger anderer Religionen dürfen nicht als Ungläubige angesehen, nicht als Ungläubige bezeichnet und weder diffamiert, noch gemobbt, noch mit Gewalt verfolgt werden.

Einwanderung und Auswanderung

Eine Einwanderung kann nur nach Kriterien erfolgen, wie sie in Kanada gehandhabt werden. Die SDR wird nicht die Verantwortung für Wirtschaftsflüchtlinge übernehmen, weil deren Heimatländer nicht willens oder nicht fähig sind, ihren Staat so zu entwickeln, dass ihre Bürger nicht das Land verlassen müssen.

Es ist Aufgabe der UN, repressive und/oder unfähige Regierungen in Ländern zu stürzen bzw. zu entmachten, von denen Flüchtlingsströme ausgehen. Flüchtlingsströme sind nicht nur eine finanzielle Belastung für die Aufnahmeländer sondern auch eine Belastung durch fremde Kulturen und daraus resultierende Parallelgesellschaften mit Befürchtung der Zunahme von Kriminalität und insbesondere von Gewalttaten.

Asylanträge werden innerhalb von 4 Wochen vom zuständigen Sachbearbeiter bearbeitet und endgültig entschieden! Eine interne Kontrolle überprüft stichprobenartig die Entscheidungen. Die Behörde für Asylanträge ist verpflichtet, wirklich verfolgten Asylbewerbern die notwendige Hilfe als Aufenthaltsrecht zu gewähren. Es gibt keine Klagemöglichkeit vor Gericht gegen diesen Bescheid.

Die Bürger der SDR dürfen auswandern. Es gibt keine Beschränkung.

Wer sofort oder innerhalb von 5 Jahren nach seinem vom Staat bezahlten Studium das Land verlässt, muss die Kosten seines Studiums ganz bzw. noch zum Teil in Raten an den Staat zurückzahlen, gemäß der von ihm eingegangenen Verpflichtung.

Wer viele Jahre ohne staatlichen Auftrag im Ausland gelebt hat und dann im Alter von 50 Jahren oder darüber hinaus in die SDR zurückkehrt, hat keinen Rechtsanspruch auf einen Arbeitsplatz.

Sicherheit

Das Ziel der SDR ist es, ihren Bürgern ein höchstmögliches Maß an persönlicher Sicherheit zu verschaffen.

Demokratien sind offenbar im Gegensatz zu Diktaturen ein optimaler Nährboden für die organisierte Kriminalität. Demokratien können daher ihren Bürgern nicht die Sicherheit bieten wie eine konsequente Diktatur, die auf keine politischen Mehrheitsverhältnisse Rücksicht nehmen muss.

Die SDR versteht sich nicht als konsequente Diktatur, sondern als Diktatur, die in ihrer menschenfreundlichen Auslegung zum Wohle der Bürger handelt, wo eine Demokratie versagt.

Die SDR untersagt alle Aktivitäten, die gemeinhin die organisierte Kriminalität fördern. Verboten sind Prostitution, Nachtklubs, Nachtbars, im Prinzip jegliches Rotlichtmilieu. Menschen, die keiner staatlich akzeptierten Tätigkeit nachgehen, müssen ihre Einkommensquellen offenlegen.

Kriminelle Taten werden kurzfristig zur Anklage geführt. Täter mit nachgewiesenen Straftaten werden kurzfristig verurteilt. Mit befreundeten Staaten, wie z.B. Weißrussland, Ukraine oder auch Russland werden Verträge geschlossen, dass in der SDR zu mehr als 3 Jahren Gefängnis verurteilte Schwerst-Kriminelle ihre Strafe in Gefängnissen oder Arbeitslagern der genannten Länder verbüßen müssen. Das erspart der SDR einen großen Teil der hohen Kosten, die bei Aufenthalt in SDR-Gefängnissen auftreten würden. Außerdem sorgt der Aufenthalt in ausländischen Gefängnissen oder Straflagern dafür, dass Straftäter nach Strafverbüßung nicht wieder schnell rückfällig werden.

Der sozialistische Staat hat keine Feinde im Ausland, also braucht er auch kein Militär. Die eingesparten Kosten werden zum besseren Schutz der Bürger investiert in mehr Polizei. Auch in kleinen Orten ist Polizei präsent.

Aufgrund der guten Ausstattung des Polizei-Apparats mit viel Personal werden die Grenzen des Staats engmaschig überwacht, um ein Einsickern von Kriminellen und das Einschleusen von

Wirtschaftsflüchtlingen zu verhindern. Osteuropäische Einbruchsbanden und Diebesbanden finden hier kein Betätigungsfeld. Kriminelle werden diesen Staat meiden!

Die SDR braucht keinen Auslandsgeheimdienst, weil sie einreisende Verbrecher schon bei ihrer Einreise abfangen kann. Der Staat unterhält nach dem Vorbild der BRD einen Verfassungsschutz, der Akten über Personen führt, die den Staat gefährden. Es gibt jedoch keine inoffiziellen Mitarbeiter.

Gegen die von Klimaveränderungen verursachten Überflutungen von Flüssen, Überschwemmungen aufgrund von Regen, Tornados und Orkane, ggfs. auch Erdbeben, müssen sich alle Bürger/innen mit einer Elementarversicherung von der staatlichen Versicherungsgesellschaft versichern. Andere Versicherungsarten können von privaten Versicherungen angeboten werden.

Mobbing ist verboten. Schüler/innen, die an Schulen oder Ausbildungseinrichtungen andere Menschen mobben, ebenso Arbeitnehmer in Betrieben und Unternehmen, werden vom Schulleiter bzw. vom zuständigen Vorgesetzten verpflichtet an einem Anti-Aggressionstraining teilzunehmen. Im Wiederholungsfall drohen härtere Strafen.

Schlusswort

Natürlich ist meine Grob-Skizze eines modernen Sozialismus unvollständig. Das ist auch beabsichtigt. Mein Entwurf soll ja nur eine Anregung sein, eine sozialere und gerechtere Gesellschaft zu schaffen. Die Leser und Leserinnen dieser Broschüre sind aufgerufen, die fehlenden Teile zu vervollständigen. Sie können aber auch einen anderen und besseren Entwurf eines modernen Sozialismus erstellen.

Zu überlegen wäre von den Lesern z.B., ob es neben den Richtern und Richterinnen für Straftaten auch Richter/innen für das Zivilrecht geben muss oder ob es besser wäre, bei zivilen Streitigkeiten eine Mediation oder ein Schiedsverfahren vorzusehen. Müssen Richter/innen unabhängig sein? Müssen sie auf Lebenszeit berufen sein oder sollten sie für jeweils 5 Jahre gewählt werden?

Es gibt also noch viele Themen, über die man nachdenken kann.

Es ist wünschenswert, dass im Laufe der Jahre und Jahrzehnte sich in einem kleinen Land die Bevölkerung entschließt, ihren Staat im Sinne eines modernen Sozialismus umzugestalten. So könnten ein Beispiel und Vorbild für andere Länder entstehen.